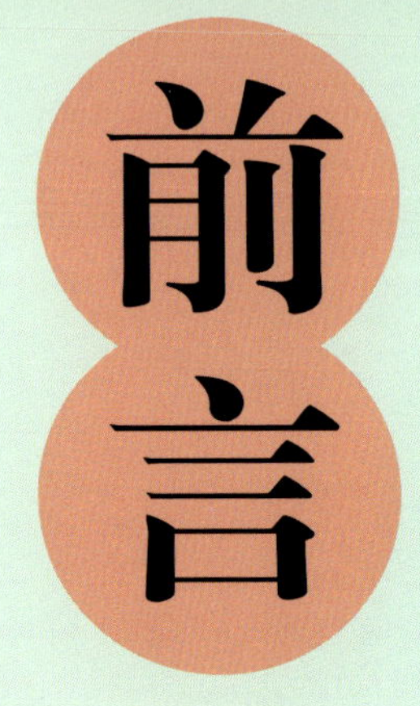

前言

爱美之心人皆有之。古往今来，人们一直在用各种饰品装扮自身，美丽的饰品的确能让人风度翩翩，气质更加出众。而在众多饰品中，手串可谓是最常见、最受人们欢迎的种类之一。另外，在佛教中，手串更是一种法器，地位非同一般。

人类佩戴手串的历史非常久远，可追溯到原始社会，当时人们将一些小石子、动物骨头、兽齿或贝壳等穿起来佩戴在手腕上。但那时的手串除了装饰功能以外，更多的是起到一种图腾崇拜或护身符的作用。因此，远古时期的手串带有朦胧的神秘色彩。

后来，用于制作手串的材质不断增加，人们将一些木头、骨头、陶瓷、玉石等做成珠子的形状穿在一起，制成各种手串。到了今天，手串已经演化为集装饰、把玩、鉴赏于一体的特色收藏品，各种款式和材质的手串精美异常，令人眼花缭乱。现在市面上常见的有陶瓷、水晶、玛瑙、琉璃、玻璃、珍珠、象牙、翡翠等材质的手串，其功能主要是美化佩戴者或彰显其身份、地位等。

现如今，手串市场越来越火热，手串爱好者们若想购买到货真价实的精品，就需要对各种材质的手串有一定的了解。本书详细介绍了目前在市场上颇受欢迎的玉石手串、木质手串、核手串的概况、分类、鉴别、选购和保养等方面的知识，并选取了大量精美的手串图片，供读者欣赏。本书内容翔实、通俗易懂、图片精美，非常适合手串收藏者及爱好者阅读、借鉴。

由于编者水平有限，加之时间仓促，书中难免会有疏漏之处，敬请广大读者批评指正，以便再版时加以修正。

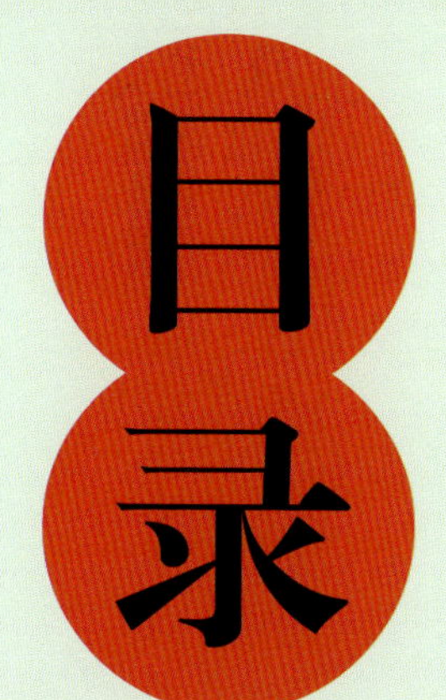

绚丽温润的玉石手串

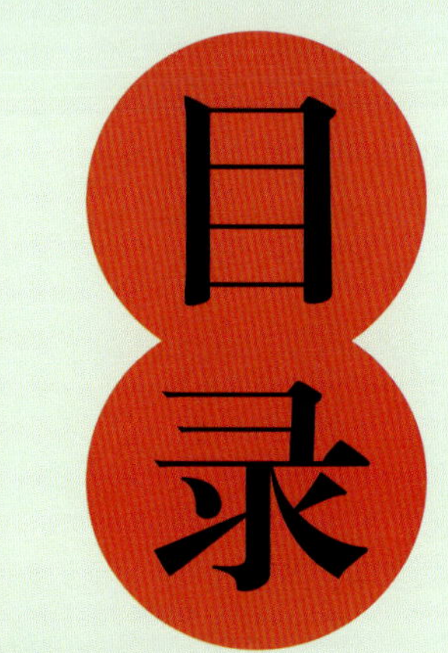

目录

古朴优雅的木质手串

目录

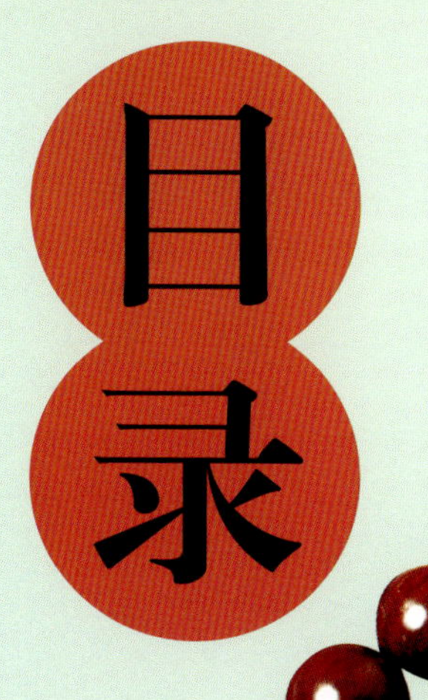

绚丽温润的
玉石手串

和田玉

和田玉概况

和田玉的主要产地是新疆和田，所以叫和田玉。和田玉位居中国传统四大名玉之首，是著名的玉器制作原料。它因特有的艺术品质，越来越受到人们的青睐，成为东方美的独特象征。

和田青白玉手串

和田碧玉手串

和田玉的分类

根据和田玉颜色的不同，可以将其分成如下几种类型：

一、碧玉

碧玉是指玉料呈青绿、暗绿、墨绿、黑绿色的软玉。其颜色是由于含一定量的阳起石及含铁较多的透闪石所致。碧玉即使接近黑色，其薄片在强光下仍是深绿色的。某些碧玉与青玉不容易区分，一般颜色偏深绿色的定为碧玉，而偏青灰色的定为青玉。优质的碧玉也是十分名贵的，但不能与羊脂玉相媲美。碧玉与青玉之间也有过渡色，但不像青玉与白玉之间那样模糊，是比较容易区分的。在中国历代的玉文化中，碧玉都占有一席之地。

二、白玉

白玉是和田玉中特有的高档玉石，硬度一般不大。在世界各地的软玉中，白玉极为罕见，其颜色由白到青白，多种多样，叫法上也名目繁多。质量最好的白玉称为羊脂玉，因色似羊脂而得名。羊脂玉质地细腻，“白如截脂”，特别光润，给人一种刚中见柔的感觉，是白玉中最好的品种，目前世界上仅中国新疆有此品种，出产十分稀少，极其名贵。

另外，白玉根据白色的变化情况还分为梨花白、雪花白、象牙白、鱼肚白、糙米白、鸡骨白等品种。

三、青白玉

青白玉可分为青玉、糖青玉、糖青白玉、翠青玉、烟青玉，是指玉料呈灰绿色、青灰色的软玉。实际上，青玉的“青”是一个比较含糊的颜色，既非灰又非绿，是一种不鲜明的淡青绿色。它说白又青，说青又白，介于青玉和白玉之间，业内人士称其为青白玉。青白玉与白玉和青玉之间也没有明显的界线，都是凭实践经验而确定。白玉和青玉当下产量相对羊脂玉而言要大一点，也因为中国古玉大都使用青玉和青白玉，所以青玉的影响是很久远的。

和田白玉手串

和田墨玉手串

四、墨玉

墨玉指灰黑到浅黑色的软玉，其黑色分布可呈点状、片状，深浅不一，以纯黑色为佳。墨玉的黑色系由鳞片状石墨所致。全黑者，即“黑如纯漆”者，乃是上品，十分少见。墨玉一般块度较小，加工过程中有时和白玉对比作俏色用。如果墨玉呈点状散布于白玉中成为脏色，则影响玉的质量。

五、黄玉

黄玉指呈黄、蜜蜡黄、栗黄、秋葵黄、鸡蛋黄、米黄、黄杨黄等色的软玉，其中以蜜蜡黄和栗黄为佳品。黄玉颜色多为淡色，且深浅不一，由氧化铁渗透、浸染而成。目前出产最多的是青黄玉，产于辽宁岫岩县，经分析为蛇纹石、透闪石软玉，软玉成分中透闪石的含量有的高达 75％以上。因此，这种玉质感很强，硬度和光泽也好，是较好的玉器材料。黄玉十分罕见，在几千年用玉史上偶尔见到，质优者价值不亚于羊脂玉。

和田糖玉手串

手串的尺寸

手腕是人体活动较多的部位，随着手部的动作，很容易吸引旁人的视线，同时影响别人对自己的印象。而佩戴一款精致美观的手串，则可以很好地装饰自己。手串的长度以 20~25cm 为宜，选购时要掌握好尺寸。手串若太紧，腕部会不舒服，也不够美观；太松了，又会滑向手部。因此，手串的长度一般以戴在手腕上后，链条与手腕之间留有一指的间隙为好。

六、糖玉

糖玉也称“赤玉”，是一种呈红糖色的软玉，其中以血红色为最佳。这种红糖色是因褐铁矿沿透闪石颗粒边界浸染所致，多出现于白玉和青玉中。在存世玉器中，真正为红色的糖玉是极为少见的，一般多为紫红色或褐红色。

除了上述几种主流和田玉之外，还有一些不太常见的玉料品种。比如，虎皮玉，其外观呈现虎皮色；青花玉，其外观呈天蓝色，由深变浅，越浅颜色越白，但白里泛黑；花玉，由多种颜色构成，具有一定的花纹图案，常带灰色调或黑色调。

和田玉手串的鉴别和选购

碧玉手串的鉴别和选购

在今天，除了顶级白玉及稀少的羊脂玉外，碧玉、黄玉的收藏也已呈现出上升的趋势。从商朝开始，碧玉一直被用来制作大型器皿件，如缸、鼎等。碧玉色泽美丽，玉质极佳，深受广大玉爱好者的喜爱。

然而，某种事物盛行之后必有假冒或者赝品。因此，在这里为大家介绍以下 5 种简单实用的鉴别碧玉的方法：

二级碧玉手串

6mm 碧玉手串
（6mm 指单珠直径，后同）

一、手摸法

将玉件拿在手中，摸一摸，搓一搓，有温润、油滑之感。

二、玻璃法

用玉身刻划玻璃，玻璃上出现痕迹的可能是和田碧玉。

三、划印法

用小刀划刻玉身几下，毫无痕迹者可能是和田碧玉。

四、滴水法

由于和田碧玉密度高，将水滴于其上后，水滴边缘整齐而不扩散。

五、视察法

将玉朝向光明处，比如朝向阳光或灯光照射处，颜色剔透、结构均匀者也可能是和田碧玉。

对于碧玉饰品，一般从以下几个方面来鉴赏选购：

一、材质

不论是挑选玉佩、手串还是其他一些碧玉制品，材质始终要放在第一位。碧玉质地细腻，内部的颗粒比较小，而且在肉眼下很难观察清楚，具有柔和的光泽。

二、颜色

对于优质碧玉的颜色，主要有这样几个要求：均匀、干净、色鲜。现在市场上的大部分碧玉制品中，色的均匀度都不够好，有的部分很鲜艳，但也有暗淡的部分，看起来是花的。因此，如果能在市面上看到颜色鲜艳均匀、表面干净的碧玉，那一定是上等的精品。

三、黑点

不论是山料还是籽料，大部分碧玉都存在很多黑点。这些黑点都是存在于碧玉当中的天然矿物。因此，如果一件碧玉产品上面没有黑点或者只有一两个黑点，那是非常难得的。

和田碧玉超细珠手串

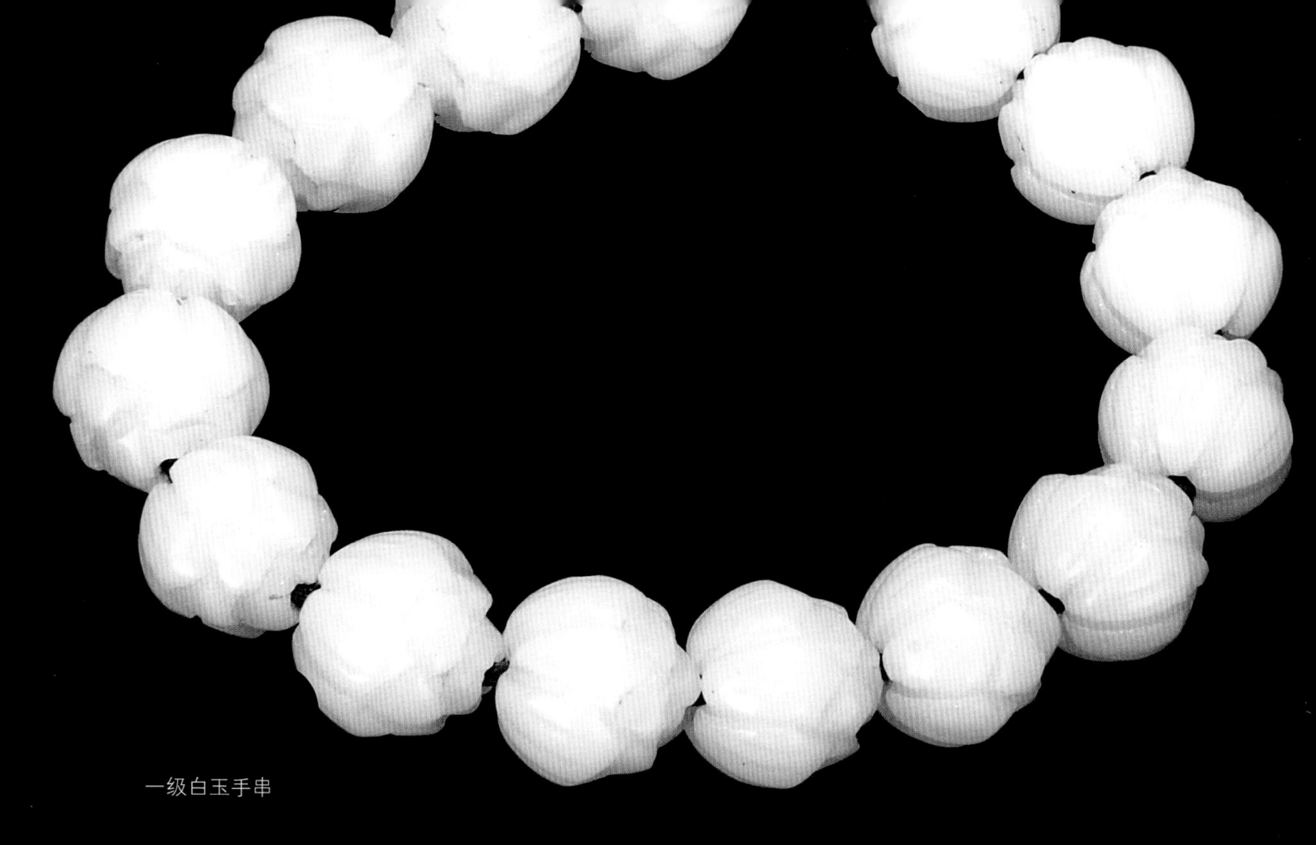

一级白玉手串

白玉手串的选购

一、看质地和手感

白玉的质地非常细腻，手感也很温润，光泽是柔和的。在选购时，可将手串放在手中掂掂是否有沉重感，再看其光泽是否是蜡质光泽，里面有没有气泡，最后用手感觉一下是否温润。

二、看外观

（1）注意观察阴刻线，由于和田白玉韧性很强，雕刻时阴刻线两侧不容易起崩口。石英岩类玉石硬度虽然高，但韧性差，脆性强，阴刻线两侧容易起崩口。

（2）和田白玉的光泽很温润，不是那种很强的玻璃光泽，也就是说和田白玉的表面对光线的反射不是很强，这是由于和田白玉的表面有非常细小的凹凸，类似毛玻璃，用 10~20 倍的放大镜即可看到，有时还可看到手工打磨遗留下来的顺着某一方向的纹路。

（3）和田白玉用肉眼可以看到细密的小云片状、云雾状结构的玉花，这是和田白玉特有的结构特征。

青白玉手串的鉴别和选购

鉴别和选购青白玉的方法如下：

一、触摸法

真正的青白玉，用手摸的时候有冰凉润滑之感。

二、视察法

把玉朝向光明处，如阳光、灯光照射处，如果观察到颜色剔透，绿色分布均匀，那么就证明是真的青白玉。

三、舌舐法

用舌尖舔舐，如果舌尖有涩感，则说明是真玉；反之，则说明不是真品。

四、水鉴别法

将一滴水滴在玉上，呈露珠状久不散开者是真玉，水滴很快消失的是伪劣货。

五、放大镜观察法

在选购青白玉手串的时候，应该借助放大镜或者其他工具，仔细察看有无裂痕。无裂痕者为上乘优质青白玉，有裂痕者次之。

六、看颜色

一些有经验的人可通过颜色来判定是否为和田青白玉。颜色最白者为和田白玉，颜色最青者为和田青玉，颜色介于和田青玉和和田白玉之间者，则为和田青白玉。

青白玉随形手串

10mm 墨玉手串

墨玉手串的选购

墨玉以全黑为贵，黑如纯漆、细如羊脂当属墨玉极品。对于墨玉的评价，一般从以下 3 个方面着手：

一、颜色

上等墨玉，颜色要黑，偏灰、偏绿都不好。有颜色的宝石、玉石的评价都是一样的原则，颜色纯正永远是第一位。

二、分布

全墨最好，片墨次之。当然，如果能合理运用片墨，也可以为玉雕增色不少，使玉活灵活现。正常来说，点墨很难利用，一般都会在加工过程当中加以剔除。

三、玉质

玉质的细腻程度是评价墨玉的重要因素，这一点和评价其他玉一样。

黄玉手串的鉴别和选购

黄玉质地细腻湿润，色泽温和，光彩迷人，是玉石中难得的极品，历来被世人追捧。

为了能够让大家更好地了解黄玉，买到货真价实的黄玉手串，下面为大家介绍一些鉴别、选购黄玉的方法：

一、看颜色

最好的黄玉，颜色都非常鲜艳明亮，呈金黄色，稍带橙色。从颜色来看，无色的黄玉、红色的黄玉、淡蓝色的黄玉、黄褐色的雪梨黄玉等，都是档次比较高的黄玉。

二、看质地

黄玉貔貅手串

在选购黄玉手串的时候，应该仔细查看黄玉内部有没有瑕疵、裂缝、杂质等。很多时候还要借助放大镜，因为一些细小的损伤通过肉眼很难看出。

三、区别黄玉和一些与其相似的玉石

最容易与黄玉混淆的，应该是黄水晶。乍一看，黄水晶和黄玉非常相似，因此常被用来冒充黄玉制成首饰。应该特别注意的是，黄玉手串握在手里有“坠”的手感，而黄水晶则没有。此外，黄水晶光偏冷，黄玉光较柔和。

另外，也要注意黄玉和碧玺的区别，黄玉主要以黄色为主，稍带些许其他颜色，而碧玺则同时拥有两种主色。

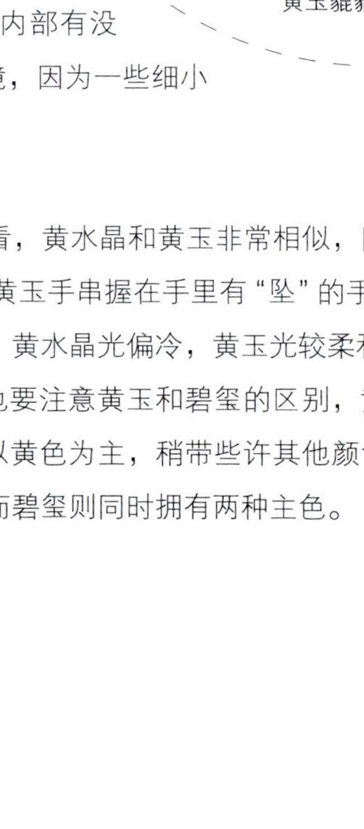

8 毫米黄玉手串

糖玉手串的鉴别和选购

糖玉的糖色是沁色，如果是假糖玉则沁色很难深入。一般情况下，沁色通常是从玉的裂缝处由深到浅渗透进去。加工较好的玉件看不见原始裂缝，但是依旧能够观察到颜色的深浅变化。

在通常情况下，假的糖玉，颜色一般都浮于表皮。因此，可用手电分别从不同角度去观察，看看内部是不是有很好的沁色，以辨别真假。

糖玉手串

天然碧玉时尚手串

和田玉手串的保养

碧玉手串的保养

碧玉是和田玉当中较为珍贵的一个玉种，千百年来受到一代又一代人的喜爱。爱玉，就要学会保养玉。下面就为大家介绍一下如何保养碧玉：

一、忌磕碰

碧玉虽然有很高的硬度，但受到撞击还是会出现裂纹。有时虽然看不出裂纹，但玉中的内部分子结构可能已被破坏。这样一来，由碧玉制成的手串的经济价值和完美度就会大打折扣。

二、忌污秽

由于手串长时间暴露在空气当中，很容易沾染灰尘，因此需要定期用柔软的白色净毛巾或毛刷轻轻清洁。如果碧玉手串上面有油污，应该先用温热的淡肥皂水轻轻刷洗，然后用清水冲净，再用干净的白色软布擦干。

和田碧玉手串

单珠直径：6mm

适宜人群：男士

风格特点：简约、百搭、大方、优雅

市场参考价：2800~3800 元

时尚百搭碧玉手串

单珠直径：3.5mm

适宜人群：男士、女士

风格特点：简约、百搭、优雅

市场参考价：1800~2300 元

8mm 碧玉手串

三、避免接触热源

不要将碧玉制品放在阳光长期直射的地方或靠近热源的地方，因为碧玉遇热容易膨胀，分子体积增大，对其玉质会造成影响。

四、忌接触化学制品

在佩戴过程当中，要尽量避免碧玉手串与香水或酸性、碱性化学试剂等接触。因为香水、化学试剂等含有的化学成分，会对碧玉产生一定的腐蚀作用，影响碧玉手串的美观和经济价值。

五、避免长时间和汗液接触

人体的汗液当中含有尿素、挥发性脂肪酸和盐分等，这些物质会对玉器产生腐蚀作用。因此，长期接触汗液会使碧玉外层受到损伤，影响其鲜艳度。

六、保持适当的湿度

不要将碧玉手串放在过于干燥的环境当中，太过干燥的环境很容易使碧玉内含的天然水分蒸发散失，从而导致碧玉失去光泽。这样一来，就大大损害了碧玉手串的价值。

七、保存

在不佩戴碧玉手串的时候，应将其单独放进柔软的首饰袋内或垫有棉絮等软物的首饰盒内，以免刮花或碰损。

白玉手串的保养

白玉手串的保养，主要从以下几个方面入手：

一、避免污渍

在佩戴白玉手串的过程中，应尽可能地避免沾染灰尘。如果手串表面有灰尘，应该用软毛刷清洁。如果手串表面沾染了污垢或油渍，应以温热的淡肥皂水洗刷，再用清水冲净。如果雕刻十分精细的白玉手串上的灰尘长期未得到清除，则可请生产玉器的专业工厂、公司进行清洗和保养。

二、避免与硬物碰撞

和田白玉的硬度虽然很高，但受到碰撞后仍然容易开裂，有时虽然用肉眼看不出裂纹，但是玉内部的分子结构可能已被破坏。这样一来，就大大损害了白玉的完美程度和经济价值。

三、保存须知

在不佩戴的时候，最好把白玉手串放进袋内，这样就能够防止擦花或碰损。如果是高档的手串，切勿放置在柜面上，以免积有尘垢，影响手串的透亮度。

四、恒温保护

白玉所在的环境要保持适宜温度，否则会有损玉质，同时使白玉的艺术价值和经济价值受损。

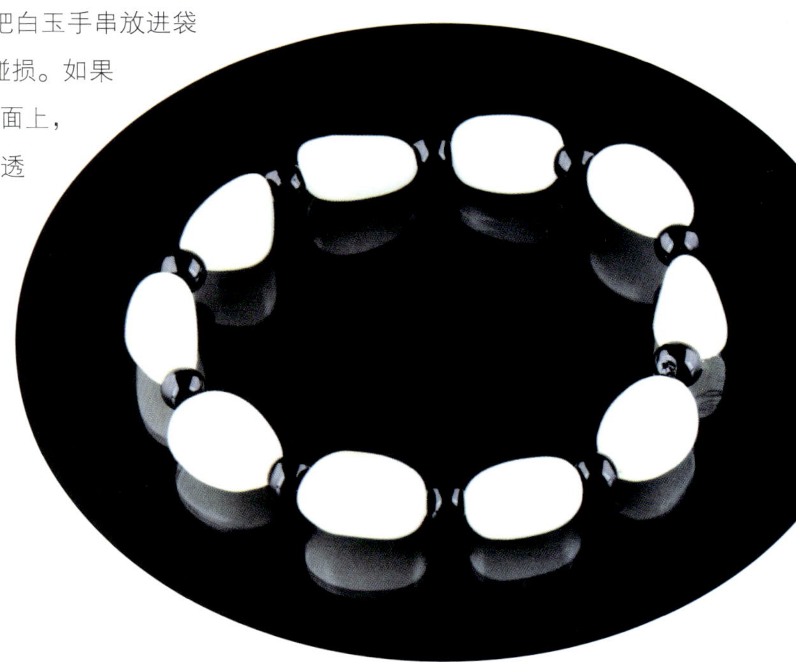

极品随形白玉手串

和田玉圆珠手串

材质：白玉

单珠直径：8mm

适宜人群：女士

风格特点：简约、百搭、优雅

市场参考价：3500~4200 元

极品和田玉手串

材质：白玉

单珠直径：12.6mm

适宜人群：男士、女士

风格特点：简约、百搭、大方、优雅

市场参考价：3200~4000 元

青白玉手串的保养

青白玉手串的保养，主要从以下几个方面入手：

一、定期清洗

佩戴青白玉手串，要记得定期清洗。清洗的时候，首先将青白玉放到温水当中，然后滴入温和洗洁液，用软毛刷轻轻刷洗，用清水冲净，再用软布擦干即可。

二、定期擦拭

青白玉手串佩戴时间久了，玉的边缘就会出现一层油一样的物质。因此，要定期擦洗青白玉手串。

三、避免碰撞

青白玉的硬度高，但是不宜受到撞击。在撞击的情况下，青白玉很容易产生裂纹，严重的会导致碎裂等后果。

四、定期更换串绳

手串戴在手腕上，来回晃动，容易磨损绳子。如果串绳损坏，要及时更换新串绳。

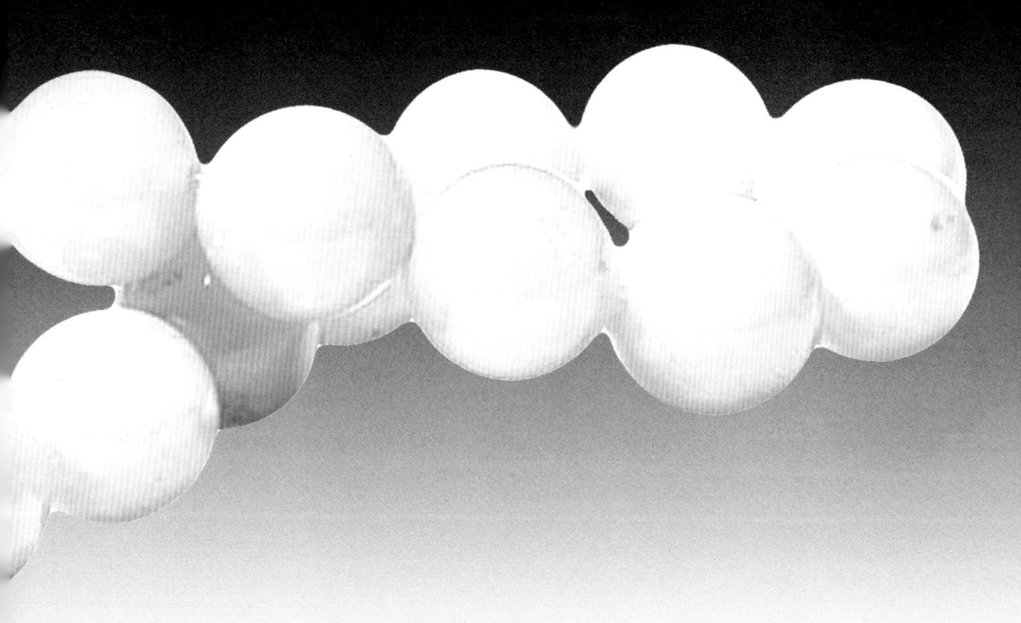

和田墨玉超细圆珠手串

墨玉手串的保养

墨玉是一种非常珍贵的玉，懂得好好保养墨玉，则能够让它变得更有价值。相反，在日常生活当中疏于养护，说不定就会有损墨玉本身的价值。因此，了解一些保养墨玉手串的方法就显得格外重要：

一、避免与硬物碰撞

虽然墨玉的硬度很高，但在某些撞击下，还是很容易开裂。很多时候，肉眼虽然看不出裂纹，但内部结构已受破坏。因此，在佩戴墨玉手串的过程当中，一定要注意这一点。

二、尽可能避免灰尘

黑色的东西很容易吸附灰尘，因此每佩戴一段时间之后，就应该及时清洗；如果墨玉的表面有污垢或油渍，就应该用温热的淡肥皂水洗刷，然后用清水清洗。

和田墨玉圆珠手串

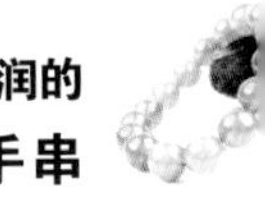

极品墨玉手串

单珠直径：15mm

适宜人群：男士

风格特点：简约、百搭、优雅

市场参考价：4200~4800 元

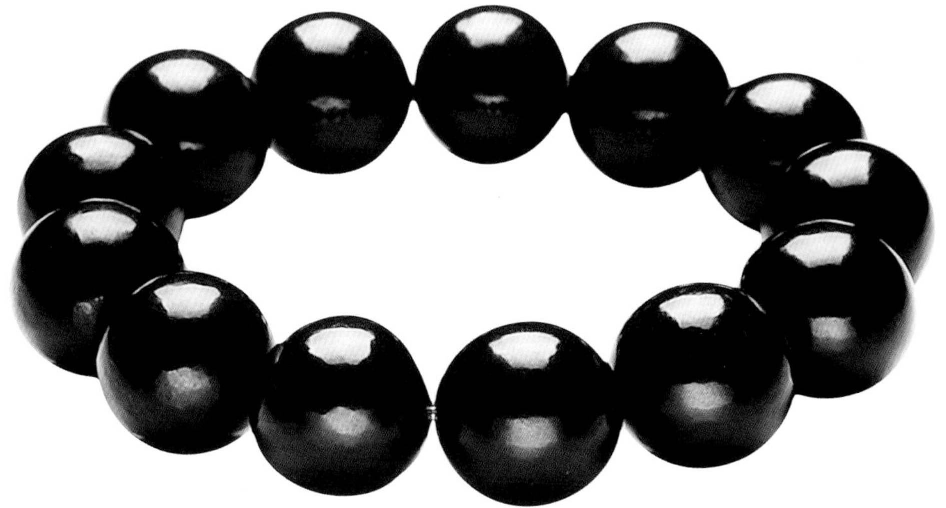

手串的起源

原始社会，人们对于很多自然现象都不能认知和理解，认为是由鬼神主宰着世间。古代先民为了使那些恶灵不能近身，同时能够得到善灵的保护，便用绳子把贝壳、小砾石、羽毛、兽齿、树叶或果核等东西穿起来戴在身上，他们相信这些东西能够驱走邪恶，保佑佩戴者平安。这些被认为起保护和驱邪作用的东西后来就以某种装饰品的形式保留了下来，成了一种专门的首饰，手串就是其中的一种。而且，这种习俗与寓意也被保留下来，首饰也被人类赋予了更多美好的寄托与神秘的色彩。

天然墨玉手串

单珠直径：17mm

适宜人群：男士

风格特点：百搭、大方、休闲、优雅

市场参考价：4000~4500 元

三、避免阳光暴晒

不要让墨玉手串暴露在强烈阳光下，温度过高会使玉石分子体积增大，从而改变玉的质地和色泽。

四、妥当放置

在不佩戴的时候，记得把手串妥善保管，最好是放进首饰袋或首饰盒内，以免擦花或碰损。

黄玉手串的保养

一、忌硬碰硬，以免使黄玉受损。

二、忌接触高温或暴晒，以免黄玉失水失泽。

三、清洗时用软布或软刷浸水除去污秽。

四、不能与酸、碱或有机溶剂接触。这些化学试剂会对黄玉产生腐蚀作用。

7mm 黄玉手串

精美黄玉手串

糖玉手串的保养

糖玉和其他玉材一样，怕火，怕碰，怕油腥。因此，对于那些佩戴糖玉手串的人来说，保护糖玉手串的最好办法就是贴身佩戴。一方面，糖玉内部的微矿元素能够被人体吸收，对人体有好处；另一方面，人体排出的汗液，能够使糖玉的光泽越来越好。这就是所谓的“人养玉，玉养人”。

糖玉手串佩戴一段时间之后，就需要及时清洗。清洗的时候，可以用牙刷和清水，但是切忌放入化学制品，因为这样会破坏糖玉的光泽。

双面工艺佛头手串

材质：糖玉

单珠直径：16mm

适宜人群：男士

风格特点：时尚、百搭、优雅

市场参考价：8000~10000 元

椭圆珠手串

材质：糖玉

单珠直径：13mm

适宜人群：女士

风格特点：简约、百搭、大方、优雅

市场参考价：3000~5000 元

珍贵的和田玉

和田玉开采困难，产量有限，和田玉中的羊脂白玉更是世间罕有。和田玉的市场需求量较大，但是这种资源却不会再生。尽管目前已经发现和田玉的成矿带东西长达 1100 多千米，总储量超过 100 万吨，但其生成地质条件十分苛刻。和田玉产在昆仑山海拔约 4500 米的冰峰上，这里严重缺氧，而且天气极寒，山体陡峻，无路可攀，自然环境恶劣无比，开采难度很大。籽料和山流水料经过几千年的开采，应该已接近枯竭。

翡翠

翡翠概况

翡翠，也称翡翠玉、翠玉、硬玉、缅甸玉，是玉的一种，颜色呈翠绿色（称之翠）或红色（称之翡）。古人认为翡翠本是天上的石头，可以带来好运，象征太阳、公正、勇气、和谐以及纯洁的精神，同时也暗指男女之情。据史书记载，翡翠矿产发现于公元 13 世纪左右，勐拱人珊尤帕受封为土司。相传他在渡勐拱河时，无意间发现河畔有一块形状像鼓的玉石。他认为这是个好兆头，于是决定在附近修筑城池，并起名为勐拱，意为“鼓城”。这块玉石就作为珍宝传给历代土司。后来，人们就是在这个地方开采出了翡翠。

翡翠手串

极品满绿镶钻翡翠手串

疯狂的翡翠

2013年4月，在武汉国际会展中心举办的珠宝玉石艺术收藏博览会上，一条价值560万元的翡翠套链作为本次博览会最贵的珠宝出展，让人们大跌眼镜。而随后在“七彩云南”武汉旗舰店首次展出的8套翡翠珍品，价值达到10.8亿元。最昂贵的一套“绝代风华”高级定制珠宝系列，当时市值为2亿多元，且还在上涨。

翡翠手串

翡翠是由很多晶体组成的。晶体的形状有大有小，有粗有细，通常紧密结合，晶体间没有间隙，光线可以无阻碍地通过，类似玻璃体；粗大的晶体，则颗粒如豆，结合松散，间隙大，光线不易穿透，翡翠里面形成局部不透光的，像团团片片的棉，有的可以看到闪亮的透明或半透明晶体，晶片如苍蝇的翅膀。

缅甸是翡翠的主要产地，出产世界上80%的翡翠。虽说日本、哈萨克斯坦、乌拉尔、美国、危地马拉、墨西哥、瑞士、苏格兰等国家和地区也产翡翠，但其质地、颜色、硬度、透明度都无法与缅甸产的相比，从玉器使用价值的角度看，价值较低，因此不被世人认可。可以说，只有缅甸产的硬玉才能称为翡翠。

翡翠的分类

一、老坑种翡翠

老坑种翡翠具玻璃光泽，质地细腻，纯净无瑕疵，颜色纯正、明亮。老坑种翡翠在光的照射下呈半透明至透明状。

二、冰种翡翠

冰种翡翠的特征是外层表面上光泽很好，半透明至透明，清亮似冰，给人以冰清玉莹的感觉。无色冰种翡翠和“蓝花冰”翡翠价值没有明显的高低之分，其实际价格主要取决于人们的喜好。

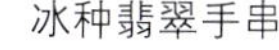

冰种翡翠手串

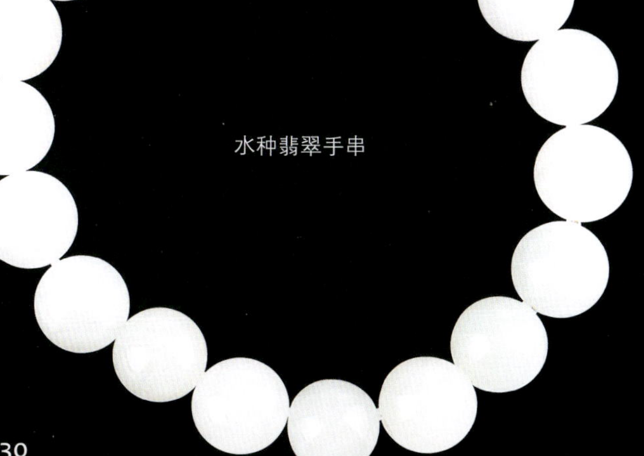

水种翡翠手串

三、水种翡翠

水种翡翠玉质结构略粗于老坑玻璃种，光泽、透明度也略低于老坑玻璃种，大致与冰种相当。

紫罗兰翡翠手串

花青翡翠手串

四、糯化种翡翠

糯化种翡翠的主要特点是透明度较冰种略低，给人的感觉就像是浑浊的糯米汤一样，属半透明范畴，表面有较柔和的玻璃光泽，质地温润。

糯化种又可细分为糯冰种和糯米种。糯冰种指比冰种略浑浊的种，就像杂质略多的冰一样，也有一些人将其归为冰种；糯米种的透明度更低一些，而且在翡翠内部常会分布大量细小的杂质，给人的感觉不但浑浊，更显得不够纯净。糯化种翡翠大多用于制作手镯或小的挂件、牌片等。市场上常见的糯化种有有色糯化、飘蓝糯化、飘绿糯化等。

糯化种翡翠手串

五、金丝种翡翠

金丝种翡翠绿色较鲜艳，沿一定方向间断出现，丝细分为顺丝（丝定向且平行）、乱丝（丝杂乱）、片丝（丝片平行）、黑丝（翠绿中有黑色纹伴生）。金丝种又可细分为玻璃地金丝、冰地金丝、芙蓉地金丝、豆地金丝等，底子从透明到半透明。此种翡翠质地细润，裂绺棉纹较少，硬玉结晶呈微细柱状纤维（变晶）集合体，肉眼尚能辨认晶体轮廓，敲击玉体音呈金属脆声。

六、芙蓉种翡翠

芙蓉种翡翠简称芙蓉种，其底色一般为绿色，不含黄色调，绿得较为清澈、纯正，有时其底子略带粉红色。

七、紫罗兰翡翠

紫罗兰翡翠是一种颜色像紫罗兰花的紫色翡翠。

芙蓉种翡翠手串

冰糯种阳绿翡翠手串

翡翠手串

八、白底青翡翠

白底青翡翠的特点是底白如雪，绿色在白色的底子上显得很鲜艳，白绿分明。该品种的主要特点是，绿色在白底上呈斑状分布，透明度差，为不透明或微透明状态；玉件具纤维和细粒镶嵌结构，但以细粒结构为主。

九、花青翡翠

花青翡翠质地有粗有细，半透明，底色为浅绿色或其他颜色。花青翡翠的特点是绿色不均，有的较密集，有的较疏落，颜色有深也有浅。

十、油青种翡翠

一般把翡翠绿色较暗的品种称为油青种。该种翡翠的颜色不是纯的绿色，带灰色调或蓝色调，因此较为沉闷，不够鲜艳；透明度较好。结构是纤维状，比较细腻，油脂光泽，故称油青种。颜色较深的，也可称为瓜皮油青。油青种翡翠表面看有油亮感，是市场中随处可见的中低档翡翠，常制作挂件、手镯，也有做成戒面的。

十一、豆种翡翠

翡翠中最为常见的是豆种。豆种的特征一目了然，多呈绿色或青色，质地粗疏，透明度有如雾里看花，绿者为豆绿，青者为豆青。豆种翡翠往往用来做中档手镯、配饰、雕件等，几乎涵盖了所有翡翠成品的类型。

其实，豆种翡翠本身也是一个庞大的家族，简单的分类就有豆青种、冰豆种、糖豆种、田豆种、油豆种和彩豆种等近 10 种之多。

十二、马牙种翡翠

马牙是指婴儿黄色的、米粒样的细牙。马牙种的翡翠矿物结晶颗粒较粗，肉眼下能辨认晶体轮廓，敲击原料的声音呈石声；质地虽较细，但不透明，行话称水分不够或水头短，好像瓷器一样；以白色至灰白为底，大部分为绿色，色调简单，可混有浅绿、褐等颜色，不透明，粗看上去不错，但有色无种，仔细观察能看到绿色当中有很细的一丝丝的白条，有时可见团块状的白棉。马牙种翡翠常做成各种小型的摆件或把玩件等，主要是利用其上各种色调的绿色进行创意，然后加以俏雕，一般不值得精雕细刻。

油青种翡翠手串

翡翠的颜色

在自然界所有的天然玉石中，翡翠的颜色是最为丰富多彩的，颜色可分为红色、橙色、黄色、绿色、紫色、蓝色、青色、白色、黑色、无色和组合色。这些颜色中以绿色翡翠的价值最高。

一、绿色

绿色在翡翠的各种颜色中具有最重要的价值，习惯上只有绿色的翡翠才被称为“翠”。

翡翠的绿多种多样，被翡翠界称为正绿色的有 5 种：

（1）艳绿：不带黄色调或其他色调的深的正绿色，俗称高绿或帝王绿，具有这种颜色的翡翠在市场中的价值最高，给人的感觉是高贵、庄重、大方。

翡翠超细圆珠手串

翡翠阳俏绿编织手串

（2）苹果绿：用肉眼观察不出黄色来，但其绿色实际上含有少许黄色调，并向黄色调稍有偏离，给人的感觉是旺盛，充满活力。

（3）秧苗绿：用肉眼可以观察出绿中有微少的黄色，犹如春季秧苗返青时的嫩绿，给人的感觉是鲜活，富有朝气。

（4）翠绿：明亮的深绿色略带黄色调，给人的感觉是赏心悦目，欣欣向荣。

（5）俏绿：中等深度的正绿色，给人的感觉是高雅、美丽。

按绿色的浓艳程度分为：

（1）艳绿：透明－半透明，绿色纯正、均匀、鲜艳，属名贵品种。

（2）阳俏绿：绿色鲜艳明快，娇嫩纯正。

（3）浅阳绿：微透明－半透明，绿色浅淡纯正。

（4）浅水绿：绿色淡而均匀，透明度较好。

二、红色

红色翡翠可分成翡红与红翡两类。其中，红翡是以褐色为主，带有红色的翡翠，较为常见；翡红则是以红色为主，带有褐色的品种，价值更高。

红翡主要产于缅甸的老场区和达马坎场区，因受铁元素浸染而致红色。

红翡可以分为亮红、暗红、褐红 3 种类型，其中亮红也被称为“鸡冠红”，是红翡中的上品；暗红多分布于原石接近边缘的位置；褐红则是产于原石边缘，因风化而形成。在翡翠的多晶体集合体中，红色多沿硬玉晶粒间、解理纹中呈网状密集浸染分布。红翡一般透明度较差，水头不足，而且质地较粗，粒度较大，是一种低档翡翠。不过，那些颜色鲜红、透光度较好、质地水润的天然红翡很稀少，具有极高价值。

红色翡翠的选购

红色翡翠的数量较少，其中颜色通透浓艳的更是非常难得，具有较高的收藏价值。不过，红翡的收藏有一个问题，那就是在市场上经常可以见到一种烧红的翡翠，这些红翡是后天经过人工加热处理烧成红色的，这样的红翡没有收藏价值。烧红的红翡外表常形成一层均匀的红色，像糊在翡翠的外表，不自然，不美，也缺乏灵气，收藏者购买时一定要小心。

天然翡翠三色圆珠手串

三、紫色

17mm 紫色翡翠手串

紫色在翡翠饰品及工艺品雕件中出现频率较高，质地大多较粗糙。很多紫色翡翠有大量的棉絮状白色包体，散乱地分布在紫色翡翠上面，就好像白色的面粉一样，行行内称此现象为“吃粉”。

紫色浓艳高雅，浅紫清淡秀美，红紫庄重富丽，独具特色。市场上常见的紫色翡翠根据色彩及饱和度可以分成5种：皇家紫、红紫、蓝紫、紫罗兰、粉紫。

（1）皇家紫：指一种浓艳纯正的紫色，它色调非常纯正，饱和度一般较高，亮度中等，因而显出一种富贵逼人、雍容大度的美感。这种紫色实际上非常少见，属理论级翡翠，即使在紫色翡翠中也是百里难寻一，具有很高的收藏价值。一只满色皇家紫的手镯，市场价可达到百万元人民币以上，而饱满的大蛋面也可轻松达到数十万元人民币。

（2）红紫：一种偏向翡红色调的紫色，它的颜色饱和度通常中等，少见很高饱和度的类型，在紫色翡翠中也不算常见，其价值认同度很高。

（3）蓝紫：一种偏向蓝色的紫色，它的饱和度变化较大，从浅蓝紫到深蓝紫都可见到，是紫色翡翠中较常见的类型，行话称“茄紫”。当饱和度偏高时，颜色常有灰蓝色的感觉，亮度一般较其他类型低。

（4）紫罗兰：商业翡翠中最常见的一种，紫色从中等深度到浅色。这种紫色常常出现在一些质地的翡翠中，有时也会和绿色一起出现，形成所谓“春带彩”，它是紫罗兰种翡翠的标准颜色。

6mm 紫色翡翠手串

（5）粉紫：一种较浅的紫色，会给人偏红或偏蓝的感觉，但达不到红紫或蓝紫的水平，虽然其紫色比较明显，但饱和度较低。它常常出现在一些水头较好、质地细腻的翡翠中，商业价值在所有的紫色翡翠中最低。

四、橙色

橙色翡翠的质地一般，透明度中等，颜色并不是很鲜艳，因此判断橙色翡翠应依据内部颜色而不是皮壳颜色。橙色通常位于红翡与黄翡的过渡带上，按深浅程度可描述为深橙色、橙色、浅橙色。

显微镜下，在翡翠的多晶集合体中，橙色多沿矿物晶粒间隙呈网状密集浸染分布。其鲜艳程度与水头、质地密切相关，水头越足，质地越细，色泽越艳丽。

五、黄色

黄色翡翠多出现在皮壳层下部或表层，黄色为次生浸染而成，多呈花斑状、网脉状分布，可分为黄翡和翡黄两类。黄翡是以翡色（褐红）为主，带有黄色色调的翡翠；翡黄则是以黄色色调为主，带有褐色色调的翡翠，最黄的呈栗子黄、鸡油黄和柠檬黄。

黄色翡翠质地一般比较疏松，透明度也不会很高。最优质的黄翡往往形成于翡翠水石的外皮，厚度较低。按颜色深浅程度可描述为浅黄色、深黄色、橙黄色和金黄色。

黄色翡翠手串

油青种 12mm 翡翠手串

六、蓝色

蓝色翡翠在饰品及工艺品雕件中出现几率极低，行业内称其为“怪桩”。天然翡翠没有纯正的蓝色，这里所说的蓝色色调往往偏绿或偏紫，而且明度较弱，常偏灰。蓝色翡翠的价值并不高，但由于人们的猎奇心理，也常被收藏。

七、青色

青色翡翠的颜色比较黯淡，一般不作为翡翠的主色出现。青色主要以翡翠的底色出现，虽然不鲜艳，却能营造出一种氛围，行话所说的“江水绿”即指此色。

青色翡翠在翡翠饰品及工艺品雕件中出现的几率很高，常见的有油青色、青色、浅青色等。

豆青种搭配油青种翡翠手串

墨翠手串

青色翡翠手串

八、黑色

黑色翡翠的颜色为纯黑色，并不等同于常说的“墨翠”，这种黑色无论是在自然光下，还是在强光的照射下，颜色都为黑色。一些水头较好的黑色翡翠，在强光的照射下还带有紫色色调。

翡翠中的黑色以多种多样的形式存在，类型基本可分为黑星、黑丝和黑带子 3 种。

单独存在或者黑点之间距离较大者，一般叫黑点或者黑钉，稍大一点的叫“苍蝇屎”，有闪光的叫“黑星”；一种如丝似线的黑色在翡翠中叫“黑丝”，有的是单独而短小的黑丝，还有或宽或窄的小丝片，也有密集在一起的；呈带状或脉状出现在翡翠中的黑色叫“黑带子”或“带子黑”，它们聚集在一起呈不规则块状时叫“黑疙瘩”。

九、白色

灰、白两色在翡翠原料中占有很大比例，大量的中低档翡翠都是灰、白色的。灰、白色类翡翠形成一系列过渡色，其中白色可分为瓷白、乳白、雪白、羊脂白，还有灰白、浅灰白等。白色翡翠若透明度高，质地细腻，仍属上品翡翠。

有一种罕见的乳白色翡翠，质地细腻，半透明，其乳白的颜色主要是来自其内部大量细小的白色棉絮状包裹体，按宝石学理论，属于经典的假色。

十、多色翡翠

翡翠颜色的丰富是其他宝石、玉石所不能比拟的，不仅在于翡翠颜色包含了所有的光谱色，更因为在同一块翡翠上可以有不同的颜色，各种颜色相互映衬，构成了一幅色彩斑斓的宝玉图画。

白色翡翠手串

天然翡翠手串

冰糯种翡翠手串

18K 金紫罗兰翡翠手串

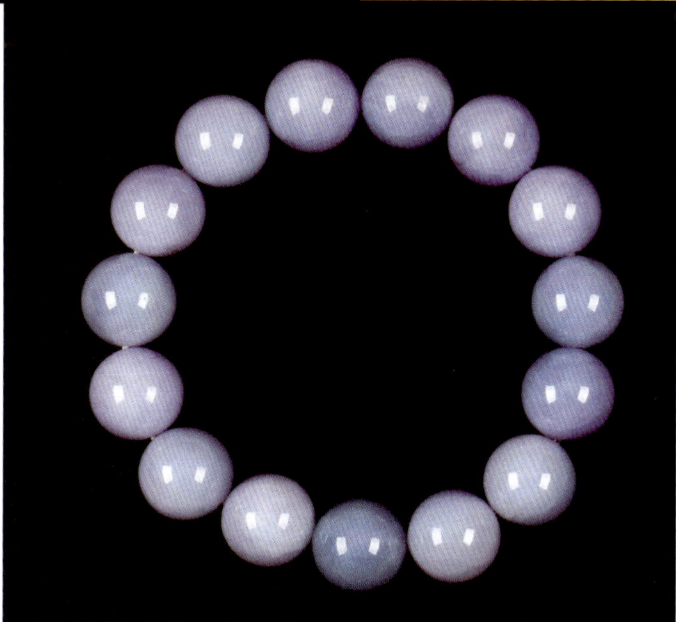

紫罗兰翡翠手串

翡翠的保健作用

翡翠含有人体所需的硒、锌、镍、钴、锰、镁、钙等多种有益元素，这些元素在翡翠佩戴过程中长期接触人体，使人体细胞组织更具活力，并促进血液循环，增强新陈代谢。

翡翠扁珠手串

翡翠手串的选购

一、看颜色

看颜色是否纯正、浓艳、均匀，并用聚光手电筒检查是否有隐藏的杂色。以颜色浓艳、纯正、均匀，杂质微小者为佳。翡翠中翠绿色的具有较高的价位，其次为红色、紫色的。绿色中又以鲜嫩、略带黄色调、含三分水的秧苗绿为最佳，其次为宝石绿、江水绿、油绿，其中均以绿分布均匀者为好。

二、观察透明度

在强光下观察，透明度愈高愈好。

三、听声音

敲击声清脆悦耳者为佳。

四、观察翠性和石花

对光观察，翡翠中会有其他矿物颗粒的闪光（关乎翠性），并伴有团块状白花，称石花。两者均以少为好。

五、看裂痕和黑斑

裂痕有的是原矿中存在的，也有的是加工过程中造成的，以少为好；黑斑是翡翠中分布的黑色斑点，也以少且小为好。

六、看加工水平

以表面平滑、抛光好、形态正为佳。

12mm 翡翠手串

翡翠手串的保养

一、保持清洁

将翡翠浸泡在清水中 30 分钟，然后用小软刷轻轻刷洗即可。这样腐蚀性的物质就很难长期存在于翡翠表面并对其进行伤害，同时又能补回翡翠在夏季高温状态下失去的“水分”。

14mm 翡翠手串

二、忌烤灼

翡翠经过烤灼，其内部分子体积会增大，使玉质产生变态；翡翠失去温润的水分，种质变干，颜色也会变浅。因此，去日照强烈的沙滩等地方游玩时尽量不要佩戴翡翠首饰，避免过强的阳光对其直接照射；还有喜欢蒸桑拿的朋友，在进桑拿房前也要将翡翠饰物取下，不要让翡翠长期处于湿热的环境下。

三、忌磕碰

日常生活中在佩戴翡翠首饰时，应该尽量避免使其从高处坠落或撞击硬物，特别是有少量裂纹的翡翠首饰，不然很容易破裂、损伤。

四、忌接触酸、碱等化学试剂

翡翠首饰不能与酸、碱或有机溶剂接触，这些化学试剂会对翡翠首饰产生腐蚀作用。另外，也不要将翡翠首饰长期放在箱子里，时间久了，翡翠首饰也会“失水”变干。

玛瑙

玛瑙概况

玛瑙是一种不定形状的矿石，通常有红、黑、黄、绿、蓝、紫、灰等多种颜色，而且一般都会有各种不同颜色的层状及圆形条纹环带，类似于树木的年轮。蓝、紫、绿玛瑙较高档稀有，又名“玉髓”。玛瑙多为透明至半透明状，表面平坦光滑，有玻璃光泽；有的较凹凸不平，有蜡状光泽。玛瑙体轻，质硬而脆，易击碎，断面可见到以受力点为圆心的同心圆波纹，似贝壳状；具锋利棱角，可刻划玻璃并留下划痕。玛瑙无臭，味淡，迅速摩擦不易热，以质坚、色红、透明者为佳，主要产自中国、印度、巴西、美国、埃及、澳大利亚、墨西哥等国。

14mm 巴西玛瑙手串

玛瑙的分类

依据颜色划分

（1）红玛瑙。泛指红颜色的玛瑙，即古代所谓“赤玉”。

（2）蓝玛瑙。指蓝色或蓝白色相间，颜色十分美丽的一种玛瑙。其中，颜色深蓝者为上品，颜色浅淡者次之。

（3）黑玛瑙。指黑色的玛瑙。由于自然界少见黑玛瑙，因此目前珠宝市场上的黑玛瑙大多为人工着色而成，其色浓黑，易与其他黑色玉石相混。有经验的人通常以其硬度大于黑曜石等来加以区别。

（4）绿玛瑙。指绿色的玛瑙。自然界中绿玛瑙十分罕见，因此目前珠宝市场上的绿玛瑙多为人工着色而成。有的色似翡翠，其色浓绿，但有经验者很容易将其与翡翠相区别。例如，人工着色的绿玛瑙通常颜色单薄，质地无翠性，且性脆；而翡翠通常颜色浑厚，质地有翠性，且韧性大。

（5）紫玛瑙。即呈单一紫色的玛瑙。质优者，颜色如同紫晶，而且光亮；次者色淡，或不够光亮，俗称“闷”。天然紫玛瑙在自然界中并不多见，市场上的紫玛瑙多为人工染色而成。

黑玛瑙貔貅手串

玛瑙的传说

在西方神话中有这样一个故事。阿佛洛狄是爱与美的女神，有一天，她躺在树荫下休息。她的儿子——爱神厄洛斯趁她睡熟，把她闪闪发光的指甲偷偷剪了下来。厄洛斯对指甲爱不释手，还高兴地飞了起来。飞到空中以后，厄洛斯一不小心把指甲掉落了，而掉落到地上的指甲变成了石头，就形成了玛瑙。许多人认为，拥有玛瑙可以促进自己与爱人之间感情的升华。

（6）白玛瑙。即以白色调为主或无色的玛瑙。多用于制作佛珠，然后进行人工着色，染成蓝、绿、黑等颜色。自然界所产出的一些白色玛瑙，由于颜色不正，不太受人欢迎，只能用来制成一些价格便宜的低档旅游纪念品。不过，大块的白色玛瑙通常也会在局部染上俏色，用作玉器原料。

缠丝玛瑙手串

（7）七彩玛瑙。是指非单一颜色的玛瑙，而是白、灰、红、蓝、绿、黄、黑、青等颜色，天然随机搭配，绚丽多姿，七彩斑斓，朦胧自然，变化莫测。

（8）南红玛瑙。南红玛瑙一般为大红色，半透明状，隐约可见其中丝状物质，是中国特有的玛瑙品种，一般都产自中国少数民族区域。由于产量极其稀少，近年来南红玛瑙的价格在不断攀升。

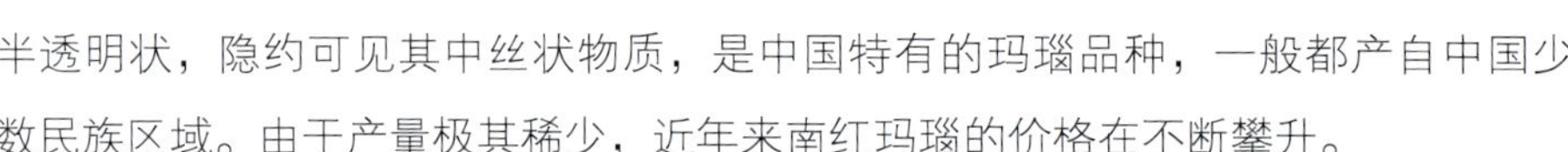

在各种颜色的玛瑙中，以红玛瑙为上品。因此，《格古要论》中有“玛瑙无红一世穷”之说。

依据纹理构造划分

（1）缠丝玛瑙。具有细纹带构造的玛瑙，亦称“缟玛瑙”。有时细纹带可细得像蚕丝一样，而且颜色有多种变化，可进一步划分出这些缠丝玛瑙品种：缟玛瑙、红缟玛瑙、红白缟玛瑙、黑白缟玛瑙、褐白缟玛瑙、棕黑缟玛瑙。

（2）带状玛瑙。指纹带较宽的玛瑙。呈单色出现者，即前述的红玛瑙、蓝玛瑙之类。当前，中国珠宝界一般不对带状玛瑙进行人工着色，而喜欢选用无纹带的实为玉髓的原料来进行这种染色。

依据质地或其他特性划分

（1）透明玛瑙。指透明如水的玛瑙。在所有品种的玛瑙中，透明度越高质量越佳。完全透明如水的玛瑙比较罕见，通常半透明者就是佳品。

（2）不透明玛瑙。指光线透不过的玛瑙。

（3）半透明玛瑙。指介于透明玛瑙和不透明玛瑙之间的玛瑙。这一品种在玛瑙中最为常见。

（4） 水草玛瑙又名苔藓玛瑙、苔纹玛瑙。此种玛瑙具有绿色、黑色或红色的玉髓，介于不完全透明至半透明之间。如苔藓者称苔藓玛瑙，如水草者称水草玛瑙，如羽毛者称羽毛玛瑙。

（5）云玛瑙。指质地有云雾感的玛瑙。

（6）火玛瑙。这是一种在玛瑙条带中含有氧化铁板状晶体的玛瑙，因所含矿物在阳光下发出闪烁火红的光泽，故而取名火玛瑙。

（7）闪光玛瑙。由玛瑙条带相互干扰而出现许多黑色或暗色条带的玛瑙。

（8）水胆玛瑙。指玛瑙中包有天然液体的品种。液体通常包裹在球状玛瑙的中心，因形态常似动物的胆囊，故而得名。

中国历来对玛瑙的品种划分得很细，除上述品种外，尚有基底上有锦花的“锦江玛瑙”，漆黑基底上有一线白的“合子玛瑙”，两次成因的“子孙玛瑙”，有淡色水花的“浆水玛瑙”，有紫色花斑的“酱斑玛瑙”，有竹叶状花纹的“竹叶玛瑙”，有蚯蚓状粉花的“曲蟮玛瑙”等。

天然水草玛瑙手串

13mm 天然水胆灰玛瑙手串

14mm 水胆玛瑙手串

玛瑙手串的鉴别和选购

水胆玛瑙的鉴别和选购

水胆玛瑙色泽大多呈灰、深紫、紫灰、灰白等颜色，其中玉质细腻、裂痕少、水胆表现明显、色泽较好的深受人们喜爱。下面我们就为大家介绍几种简单实用的方法，以帮助大家鉴别和选购水胆玛瑙：

一、看“盖子”

人工制作的水胆玛瑙有一个“盖子”，盖子一般都取材于水胆玛瑙自身，因此从材料上看不出什么异同。既然是“盖子”，就一定会有边缘，因此在鉴别水胆玛瑙的时候，可以仔细查看是否有“盖子”。因为“盖子”的密封用胶或树脂，所以可用强光照明的方法加以鉴别。在照明的情况下，注水的隧道如果封以树脂，就会出现黑影。

二、看是否做旧或太鲜艳

做旧或色彩鲜艳的水胆玛瑙，一般都是假水胆玛瑙。真水胆玛瑙不能通过高温处理来染色。

三、看水胆内壁

水胆内壁有腥（发黑）或有水晶晶体，那就基本可以判定水胆玛瑙是真的。因为，这是天然水胆玛瑙在形成时留下的痕迹。

水草玛瑙手串

水草玛瑙手串

水草玛瑙的鉴别和选购

鉴别和选购水草玛瑙，主要从以下几个方面入手：

一、质地

假的水草玛瑙多为石料仿制，比真的水草玛瑙质地软，用玉在假玛瑙上可划出痕迹；相反，真正的水草玛瑙则划不出。

二、颜色

真正的水草玛瑙色泽鲜明光亮，假的水草玛瑙则没有这样的光泽和效果，如果把二者放到一起比较，差别十分明显。

三、工艺

好的水草玛瑙的生产工艺都是非常严格先进的，因此，这类玛瑙的表面光度好，镶嵌牢固、周正，无划痕裂纹。

四、透明度

天然水草玛瑙的透明度没有人工合成的好，稍有混沌；而人工合成的水草玛瑙透明度好，有的像玻璃球一样透明。

五、温度

天然水草玛瑙具有冬暖夏凉的特点，而人工合成玛瑙的温度随外界温度而变化。

水草玛瑙手串

红玛瑙圆珠手串

二、质地

从表面上看，真的红玛瑙少有瑕疵，假的红玛瑙则较多。假红玛瑙多为石料仿制，因此用玉在其上可划出痕迹，而真品则划不出。

三、颜色

天然红玛瑙颜色分明，条带十分明显，仔细观察，在红色条带处可见密集排列的细小红色斑点。用石料仿制的红色玛瑙，多数在某一部位呈现花瓣形花纹，形成“菊花底”。

红玛瑙的鉴别和选购

红玛瑙常用于镶嵌首饰和雕刻工艺品，为了能够让大家选到中意的红色玛瑙手串，这里为大家简单介绍一下鉴别真假红玛瑙的方法。

一、工艺

凡是玛瑙，不论是红玛瑙还是其他玛瑙，在生产过程当中都有非常严格的要求。因此，真的红玛瑙表面光亮度好，镶嵌牢固、周正，无划痕，少裂纹；相反，假的红玛瑙则“劣迹斑斑”。

8mm 红玛瑙情侣手串

108 颗黑玛瑙细圆珠手串

黑玛瑙的鉴别和选购

黑玛瑙也常用于镶嵌首饰和雕刻工艺品，其鉴别与选购的方法与其他玛瑙几乎没有什么差别，都是通过质地、颜色、透明度、温度以及工艺等来辨别，前文都已详细介绍过，在这里就不再赘述。下面主要介绍一下黑玛瑙与黑曜石之间的区别，只因这两种宝石不仅颜色相同、外形相似，且价格也非常相近。如何区别二者呢？主要有以下两点：

12mm 黑玛瑙手串

细珠黑玛瑙多圈手串

14mm 黑玛瑙手串

一、成分

黑玛瑙的主要成分是二氧化硅，质地很纯时为灰色。市面上的黑玛瑙一般是通过加温天然玛瑙后变成黑色的，在鉴定上因为没有添加其他非天然成分，所以仍属天然，且不会褪色。黑曜石，属于火成岩的一种，成分以二氧化硅为主。黑曜石是火山熔岩迅速冷却后形成的一种天然玻璃，属于非纯晶质的水晶宝石。黑玛瑙的硬度要比黑曜石大很多。

二、纹理

黑玛瑙的纹理没有明显的椭圆形状，只是少部分天然玛瑙中有结晶状态，如条带状、斑点状、致密块状。而黑曜石上面大多都有天然的条纹，或有斑点。另外，黑曜石的有些条纹呈椭圆形状，也就是俗称的单眼黑曜石或者是双眼黑曜石（有点像猫眼）。

玛瑙手串的保养

水胆玛瑙手串的保养

关于水胆玛瑙的保养，归纳起来大致有以下 4 个要点：

一、忌高温

烤灼会使水胆玛瑙内部分子体积增大，玉质产生变态，从而使水胆玛瑙失去温润的水分，而其颜色也会变浅。因此，去日照强烈的沙滩等地方游玩时尽量不要佩戴水胆玛瑙首饰，避免过强的阳光对其直接照射。

二、常清洁

将水胆玛瑙浸泡在清水中 30 分钟，之后用小软刷轻轻刷洗水胆玛瑙即可。这样腐蚀性的物质就很难长期存在于水胆玛瑙表面对其进行损伤，同时又能补回水胆玛瑙在夏季高温时失去的“水分”。

水胆玛瑙原石

三、忌磕碰

日常生活中在佩戴水胆玛瑙首饰时，应该尽量避免使其从高处坠落或撞击硬物，特别是有少量裂纹的水胆玛瑙首饰，不然很容易破裂、损伤。

四、忌接触酸、碱等化学试剂

水胆玛瑙首饰不能与酸、碱和有机溶剂接触，这些化学试剂都会对水胆玛瑙首饰产生腐蚀作用。另外，也不要将水胆玛瑙首饰长期放在箱里，时间久了水胆玛瑙首饰也会“失水”变干。

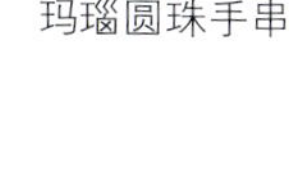

玛瑙圆珠手串

水草玛瑙手串

水草玛瑙手串的保养

一、忌磕碰

水草玛瑙和玉石一样，虽然硬度大，但是受撞击之后非常容易破碎。因此，在平常佩戴的时候应该格外小心。

二、忌接触易腐蚀性物质

香水、洗洁精这些液体，含有一些化学物质，会腐蚀水草玛瑙，使其失去原有的光泽。因此，要尽量避免水草玛瑙与这类有腐蚀性的物质接触。如玛瑙有污迹，可在温水中用柔软的小刷刷洗，或用布轻柔地擦拭。

三、忌高温

水草玛瑙会因温度过高而膨胀，进而损坏内部结构，若长期接触高温可能发生爆裂。所以，水草玛瑙应该避免热胀冷缩的变化，以免损坏。

水胆玛瑙超细圆珠手串

天然水草玛瑙手串

水草玛瑙三圈手串

精美水草玛瑙手串

水草玛瑙的传说

传说，古代有一位名叫玉梅的美丽少女，她聪明贤惠，长大后嫁给了青年田龙，夫妻二人的感情非常好。可是婆婆却很讨厌玉梅，不但百般挑剔，还逼儿子休妻。田龙在母亲的威逼下，无奈地劝说玉梅先回娘家避一避，等母亲气消了，一定会把她接回来。分手时二人发誓，此生不渝。

奈何贪财的哥哥逼玉梅改嫁县令的儿子，即日成亲。田龙知道后赶紧赶到玉梅家。但是，很不幸，玉梅已经在上轿前投江自尽。田龙悲痛欲绝，也纵身跃入江中。他们的尸体沉到江的深处，江里的水草被他们情比金坚的爱情所打动，团团包裹着他们的身体，使他们永不分离。岁月流逝，他们吸收天地之精华，和水草融为了一体，变成了坚硬无比的水草玛瑙。后来，这条江干枯了，这种水草玛瑙被人们发现。为纪念他们至死不渝的爱情，人们又称这种玛瑙为天丝玛瑙，意思是如天上的丝带般紧紧缠绕一生。

天然玛瑙手串

材质：水草玛瑙

单珠直径：14mm

适宜人群：男士、女士

风格特点：时尚、百搭、优雅

市场参考价：2500~3200 元

天然玛瑙手串

材质：水草玛瑙

单珠直径：14mm

适宜人群：男士、女士

风格特点：时尚、大方、优雅

市场参考价：3000~5000 元

14mm 红玛瑙手串

红玛瑙手串的保养

红玛瑙可以很好地提升女性的气质，是女性朋友的明智选择。不过，在日常生活当中，不仅要学会佩戴首饰，还应该学会保养首饰。下面，就为大家介绍一下如何保养红玛瑙手串：

一、避免磕碰

红玛瑙和其他宝石类的物品一样，应该避免碰撞，以免造成刮痕。

红玛瑙手串

二、远离化学物品

做家务的时候，最好摘下心爱的红玛瑙手串，尽量避免红玛瑙手串接触化妆品之类的化学品，以免化学物品对红玛瑙手串造成侵蚀性永久伤害。

三、及时净化

红玛瑙需要每隔一段时间净化一次。用御守盐消磁是最标准的净化方法，它不是粗盐、海盐、大盐，所以不会对红玛瑙有任何腐蚀作用，可以放心使用。

红玛瑙手串

红玛瑙三圈手串

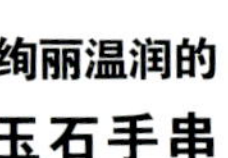

天然红玛瑙手串

材质：红玛瑙

单珠直径：8mm

适宜人群：情侣

风格特点：简约、大方、休闲、优雅

市场参考价：2800~3200 元

玛瑙生肖手串

材质：红玛瑙

单珠直径：12mm

适宜人群：男士

风格特点：时尚、百搭、优雅

市场参考价：5000~7000 元

细珠黑玛瑙多圈手串

黑玛瑙手串的保养

黑玛瑙手串的保养与其他玛瑙没有什么区别，非常简单。

一是注意不要碰撞硬物或是掉落，不使用时应收藏在质地柔软的饰品盒内。二是不要接触一些化学剂液，以免影响黑玛瑙的光泽。三是要注意避开热源，如阳光、炉灶等，因为黑玛瑙遇热会膨胀，有些甚至会发生爆裂。另外，就是要保持适宜的湿度。

14mm 黑玛瑙手串

磨砂"六字真言"辟邪手串

材质：黑玛瑙

单珠直径：15mm

适宜人群：男士

风格特点：百搭、大方、优雅

市场参考价：800~1200 元

水晶

水晶概况

水晶，古代称之为“水精”，即水的精华，美丽的结晶。水晶晶莹闪亮，历来为人们称颂和钟爱。长期以来，水晶以其晶莹透明、温润素净而被人们视为圣洁之物，是吉祥之象征。

7mm 水晶手串

水晶

水晶的分类

按照颜色、形态和物理性质的差异，天然水晶可以分为以下几大类：

（1）白水晶：透明如水的无色晶体。

（2）紫水晶：含三价铁和锰，呈紫色的透明或半透明晶体。

（3）烟水晶：俗称茶晶，呈烟黄色或烟褐色的透明晶体。

（4）墨水晶：墨黑色，含有机质的半透明晶体。

（5）黄水晶：含二价铁，呈黄、橘黄色的透明晶体。

（6）粉水晶：含钛等微量元素，显浅玫瑰色的块状体，又称芙蓉石。

（7）发晶：含有金刚石、角闪石、电气石等针状包裹物。

（8）绿水晶：含阳起石针状包裹物。

108颗紫水晶手串

水晶的光泽

宝石的光泽，指宝石表面对光线反射的一种光学性质。水晶无论在抛光面上还是在破口，都具有玻璃光泽。它既不像星光蓝宝石和星光宝石那样可以反射出绮丽的星光形条纹，又不像月光石那样发出淡蓝色波形光彩，更不像欧泊石那样闪烁五颜六色的光彩。观察水晶的光泽，可用手握着它，以灯光或窗户投进来的光线看表面光反射情况。

紫水晶手串

紫水晶手串

紫水晶手串

水晶手串的鉴别和选购

紫水晶手串的鉴别和选购

紫水晶能够促使人集中精神，提高思维活力，让人在困扰中沉着思考，冷静面对现实的挑战。紫水晶的价格一般是由其颜色、透明度以及品相决定。鉴别和选购紫水晶，一般从以下 4 个方面入手：

一、颜色

紫水晶主要有淡紫、紫红、深红、大红、深紫、蓝紫等颜色，其中以深紫红和大红为最佳，过于淡的紫色则较为平常。

乌拉圭天然紫水晶双圈手串

紫水晶手串

二、杂质

天然水晶的内含物是不可避免的，像棉、冰裂等，这是自然生成过程中形成的，只是其存在多少有所差别而已。如果晶体内部的杂质比较少，晶体又比较通透，那么这种紫水晶的价格相对来说就比较高了。

三、色泽

紫水晶色泽越鲜艳，价格相对来说也就越高。天然紫水晶的颜色不会很均匀，同一个紫水晶手串上不同的珠子，甚至同一个珠子上都可能颜色不均匀，尤其是放在水里，更能明显看出来。而合成的紫水晶，颜色都比较均匀。

四、做工

天然紫水晶吊坠的价格还与其雕工有关系，一般雕工好、抛光好的紫水晶吊坠价格会比较高。紫水晶做工越是精细，款式越是新颖，其价格越高。

紫水晶石

黄水晶手串

黄水晶手串的鉴别和选购

天然黄水晶一般都带有杂质，这也是绝大多数水晶的一个共有特点。同时，天然黄水晶也存在色差，每颗珠颜色都深浅不一，若颜色一致则必是假的黄水晶。

把天然黄水晶放入水中，呈现出来的颜色是不均匀的，假的黄水晶则常是色泽均匀的。

常见的人造黄水晶颜色均较黄，而且通常是大珠径圆珠，其颜色黄得不自然，色泽暗淡，几乎感觉不到水晶的光泽，多数没有色差。

7mm 黄水晶手串

8mm 烟水晶手串

7mm 烟水晶手串

烟水晶的鉴别和选购

一般情况下，鉴别烟水晶一般从以下几个方面入手：

一、内含物

通常来说，天然的烟水晶会有内含物、天然冰裂纹、云雾及色带变化等。而人造烟水晶则是由工厂或实验室合成，因此看上去更加干净。

二、手感

纯天然烟水晶手感清凉，有分量；合成烟水晶则手感温和，分量轻。

9mm 天然烟水晶手串

三、专家鉴定

建议将烟水晶送到专业机构，让专业人士通过专业的鉴定方法来辨别真伪。现在，市面上很多都是二次合成烟水晶，购买时注意是否附带国家级鉴定证书，以防假货。

四、颜色

烟水晶的颜色一般都比较淡，有一种风轻云淡的感觉。烟水晶以棕色为主显色，但也有层次上的区分与颜色渐变。

19mm 烟水晶手串

各色发晶手串

发晶手串鉴别

发晶的鉴定应从以下几个方面入手：

一、看发丝

发丝是发晶最重要的部分，天然形成的发丝是纤细而不均匀的，其排列也是参差不齐没有规律的。

二、在偏光镜下观察

天然的发晶放在偏光镜下观察，转动360度有明显的明暗变化，若是没有这种变化，则可以断定其不是天然发晶。

三、用利器刻划

发晶的硬度很高，利器在发晶上刻划，一般不会留下任何痕迹，若轻易就能刻划出痕迹，则是假发晶。

天然彩发晶手串

12mm 发晶手串

8mm 绿水晶手串

绿水晶手串的鉴别和选购

要挑选一块好的绿水晶或者一串好的绿水晶手串，需要考虑很多因素：

首先，一款好的绿水晶，其晶体的通透度要高，晶体内的棉絮等瑕疵应该非常少。

其次，应该把眼光投到绿水晶的内部。一般来说，绿水晶的形态有金字塔、聚宝盆等几种，当然也有满天星的。不同形态的绿水晶价值不一样。其中，价值最高的当数金字塔形的绿水晶，其次为聚宝盆形的，满天星绿水晶的价值比不上这两款。对于聚宝盆形的绿水晶，一般以“聚宝盆”占满晶体一半左右为珍品。

7mm 绿水晶手串

5mm 绿水晶手串

星光粉水晶手串

粉水晶手串的鉴别和选购

鉴别、选购粉水晶主要从以下4个方面入手:

一、看选料

一件好的粉水晶制品，应该看不到星点状、云雾状和絮状分布的气液包体，并以质地纯净、光润、晶莹为好。如果在粉晶当中发现深浅不一的断裂纹或者斑点，则说明该件产品为次品。

二、看做工

粉水晶制品的制作工艺分为两种，即磨工和雕工:水晶项链、手串、耳环等属于研磨品，观音像、内画鼻烟壶等属于雕刻品。一件做工精细的粉水晶制品应考究精细，工艺不仅要能充分展现出水晶制品的外在美，而且还应最大限度地挖掘其内在美。

8mm 粉水晶手串

粉水晶细珠手串

三、看抛光

粉水晶物件的抛光好坏，直接影响其身价。在加工过程中，粉水晶必须经过金刚砂的琢磨，而粗糙的制作会使水晶表面存在摩擦的痕迹。好的粉水晶制品，应该具备比较好的自然透明度和光泽。

四、看染色

现在，市场上的一些商家为了让粉水晶的颜色好看，常常采用一些工艺为粉水晶染色。在自然光、白底的条件下，颜色浅的粉水晶一般不是染色水晶。

紫水晶手串

水晶手串的保养

紫水晶手串的保养

紫水晶在经过长期佩戴以后，会沾染上一些脏东西，从而使颜色变淡，甚至变色等。那么，怎样才能保证紫水晶手串长期保持完美呢？下面就来介绍一些有关紫水晶手串保养的常识。

（1）紫水晶手串经常紧贴皮肤佩戴，因此常常受到汗液、化妆品、微酸、弱碱的侵害，表面很容易失去光泽，因此应该定期处理，并擦拭干净。

（2）紫水晶很怕高温，因此要远离高温或者火源，以防止其褪色或炸裂。

紫水晶手串

（3）每隔一段时间，可以用海盐，也就是粗盐，溶水后浸泡紫水晶手串一晚，隔天再用清水冲洗干净。但对于配有金属或绳子的紫水晶制品来说，要少用这种方法，因为盐会侵蚀金属或绳子。

（4）将紫水晶放在晶簇、晶洞中，利用晶簇、晶洞释放出的磁场净化紫水晶。

（5）做运动、洗澡或者游泳时，应该取下紫水晶手串，尽量避免其与不洁液体接触，以免受到侵蚀。

天然紫水晶手串

单珠直径：14mm

适宜人群：男士

风格特点：百搭、大方、休闲

市场参考价：1800~2300 元

紫水晶手串

单珠直径：16mm

适宜人群：男士

风格特点：时尚、百搭、优雅

市场参考价：2000~2500 元

黄水晶刻面手串

黄水晶手串的保养

黄水晶手串的保养和其他晶体手串的保养基本相似，大致可分为下面几个内容：

（1）不要在进行激烈运动的时候佩戴。

（2）不要在洗澡、洗涤物品的时候佩戴。

（3）避免撞击、敲击。

（4）避免与化学物品接触。

（5）睡觉时不要佩戴。

（6）保养时选用软布擦拭。

巴西黄水晶手串

单珠直径：13mm

适宜人群：男士

风格特点：时尚、百搭、休闲、优雅

市场参考价：1500~1800 元

黄水晶招财手串

单珠直径：10mm

适宜人群：男士

风格特点：简约、百搭、大方、优雅

市场参考价：1880~2500 元

超细珠烟水晶多圈手串

天然烟水晶手串

单珠直径：14mm

适宜人群：情侣

风格特点：简约、大方、优雅

市场参考价：1200~1500 元

“六字真言”烟水晶手串

烟水晶手串的保养

烟水晶手串的保养，主要注意以下几个方面：

（1）在运动、从事重体力劳动或从事修理工作时，请勿佩戴烟水晶手串，以免碰坏或磨损。

（2）长时间不佩戴，请密封保存，尽量避免与空气接触，避免烟水晶手串被氧化。

（3）不要直接与硫黄接触，因为烟水晶容易与硫黄产生化学反应。

（4）经常佩戴的烟水晶手串，宜每周清洗一次，可用软刷蘸温水清洗，或将饰品放入 95% 的酒精中浸泡 20 分钟左右，取出后用清水冲洗并擦干。

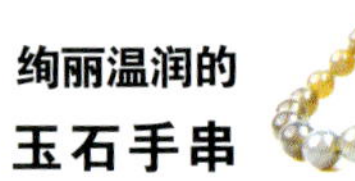

天然绿水晶手串

单珠直径：12mm

适宜人群：男士、女士

风格特点：简约、百搭、大方、优雅

市场参考价：2000~2500 元

绿水晶手串的保养

一、月光照射法

每月的农历十五月圆之夜，是月光最强的时候，也是晒石的好时机。晒石方法非常简单，只要将绿水晶放于露台或窗边，接受月光照射一晚即可。此外，在星光灿烂的晚上，也可以把绿水晶放到星光下，让其吸收星光的精华，以达到净化晶石的效果。

二、阳光消磁清洗法

将绿水晶放于可被阳光直接照射到的位置，如窗台上、露台上等，照射 1~2 小时。

纯天然绿水晶手串

单珠直径：8mm

适宜人群：男士，女士

风格特点：简约、大方、优雅

市场参考价：1800~2200 元

10mm 粉水晶手串

粉水晶手串的保养

粉水晶的保养非常讲究，以下是保养粉水晶的技巧：

一、忌暴晒

避免粉水晶在阳光下暴晒，应该把粉水晶放在阴凉的地方，以保持其本身的润泽。

二、忌污秽

不要让粉水晶沾染上灰尘或其他脏污，应该经常用柔软布料清洁。最好的办法就是多盘玩粉水晶，人体表面的油脂比较丰富，能让粉水晶吸入。这样时间一长，粉水晶就会更加润泽。

三、油养

保养粉水晶并不是什么油都可以，不同的季节应该采用不同的白油来保养，不可采用颜色较深的油进行保养。买回来的油，应该放在阳台上暴晒一天，以此来保证油的纯正。正常情况下，应该每周油养一次。

石榴石

石榴石概况

石榴石晶体和石榴籽的形状、颜色格外相似，因此被称为石榴石。

在市场上，最常见的石榴石主要为红色，但其色系实则种类很多，足以涵盖整个光谱的颜色。按照化学成分来划分，常见的石榴石主要有 6 种，分别为镁铝榴石（红榴石）、铁铝榴石、锰铝榴石、钙铁榴石、钙铝榴石及钙铬榴石。不同种类的石榴石有着不同的颜色，包括红、橙、黄、绿、蓝、紫、棕、黑、粉红及透明。其中，最罕见的当属蓝石榴石。蓝石榴石于 20 世纪 90 年代后期在马达加斯加的贝基利首先被发现，此外，在美国的部分地区、俄罗斯及土耳其也有其踪影。

石榴石手串

人们使用石榴石的年代十分久远，在铜器时代更是将其广泛应用。当时，古埃及人开始用石榴石来装饰服装。公元前 4 世纪，古希腊已经有以石榴石装饰的手镯。6 世纪时，人们已经开始用石榴石装饰夹发针。在 16 世纪，石榴石被认为可以保护心脏免受毒素及瘟疫影响。到了 19 世纪后期，以石榴石装饰的手镯及胸针已经特别普遍。

几千年来，石榴石一直被视为信仰、坚贞和纯朴的象征。此外，人们还把石榴石磨成粉末，用作染色剂。后来，人们还相信它有治病救人的功效。据说，用于治病的红色石榴石可以减轻发烧症状，黄色石榴石是治黄疸病的良药。当然，这些都是缺少科学依据的说法，不足为信。

对于旅行者来说，佩戴石榴石手串是不错的选择。据传，石榴石可以确保旅途中平安无事，让人免受惊险之事的困扰。

“富贵长命”石榴石手串

石榴石手串的鉴别和选购

石榴石，在我国珠宝界又称“紫牙乌”。人们喜爱与崇拜石榴石，不仅是因为它的美学装饰价值，更重要的是人们相信它具有不可思议的神奇力量，能使人逢凶化吉、遇难呈祥，永保荣誉地位。下面就为大家介绍一下石榴石的鉴别方法：

一、看颜色

虽然石榴石是非常普通的宝石，但有些颜色的石榴石甚是少见，物以稀为贵，价值自然也就上去了。在众多颜色的石榴石当中，以翠绿色石榴石最为名贵。

二、看折光率、比重和硬度

所有的石榴石都是等轴晶系、单折射宝石，因此没有二色性和偏光性。

三、看瑕疵或结晶包裹体

不论哪一类石榴石，都会存在一定的瑕疵或结晶包裹体，而人造玻璃则往往干净纯粹。

四、看透明度

如果石榴石颜色呈酒红色，晶体通透，透过光基本看不到有杂质并且光泽度很好，价格低廉，这时候就应该警惕是不是仿货。

爱情之石

19岁的少女乌露丽叶在邂逅了德国著名诗人歌德后，便对他念念不忘。但由于两人年龄差距太大，家族里没有一个人支持这段感情。可是这个倔强的姑娘对歌德的爱非常炽热，据说她每次和歌德约会都要佩戴石榴石，因为她深信石榴石能传递恋人之间爱的信息，她要让石榴石见证自己忠贞不渝的爱情。石榴石仿佛真的领会了主人的心意，把乌露丽叶炽热的爱传递给了歌德。歌德深深地被乌露丽叶跨越年龄的爱感动了，一部伟大的传世诗篇——《马丽英巴托的悲歌》也由此诞生。

石榴石细珠手串

9mm 天然石榴石手串

石榴石手串的保养

购买到一串心仪的石榴石手串，必定希望它能够和自己长久相处。因此，如何保养石榴石手串就显得格外重要。以下是保养石榴石手串的几种方法：

一、忌接触硬物

石榴石手串本身比较润滑，因此在佩戴的过程中一定要格外小心，不能让其触碰到坚硬的东西，以免被刮花，使得其表面不再光滑。

二、忌接触酸性、碱性物质

石榴石的主要成分是二氧化硅，这种物质能够和酸、碱发生化学反应，因此应让石榴石手串远离酸性、碱性物质。

未加工的石榴石

108 颗石榴石手串

三、忌暴晒

石榴石不宜暴晒，否则会产生裂纹。

四、防氧化

为了防止石榴石手串被氧化，应该在其表面涂一层指甲油作为保护层。

五、定期清洗

由于石榴石手串长期佩戴，暴露在外，因此每隔一段时间就应该清洁一下。

编织石榴石手串

黑曜石

黑曜石概况

黑曜石又名天然琉璃，是日常生活中最常见的一种黑色中低档宝石。它主要由火山熔岩迅速冷却凝结而成，因熔岩流外围冷却得最快，所以通常都发现于熔岩流外围。一般情况下，我们看到的黑曜石多为黑色，但也有棕色、灰色和少量红色、蓝色甚至绿色的。

黑曜石常被加工成工艺品，又因其具备玻璃特性，敲碎后断面呈贝壳状，十分锋利，还常被制成刀刃、箭头和匕首。现在，人们利用黑曜石的特性，将其制成外科手术刀的刀片。

黑曜石手串

紫色黑曜石手串

蓝色黑曜石手串

相较于其他宝石，黑曜石的价格非常便宜。以 1000℃以上高温加热后，黑曜石会变成白色颗粒状，质地疏松多孔，有时被用作土壤改良剂。

黑曜石一般分布在火山活动曾经很活跃的地区，如日本、美国的夏威夷、印度尼西亚的爪哇岛、匈牙利、冰岛、意大利的利帕里群岛、墨西哥、厄瓜多尔和危地马拉等。

深黑色单眼的黑曜石主要分布在美国的亚利桑那州和新墨西哥州，被当地的印第安人称为“阿帕契之泪”。现在，大部分黑曜石制品产自中美和北美地区。

黑曜石手串

黑曜石手串的鉴别和选购

对于黑曜石的鉴别，需要分类别，不同的类别有不同的鉴别方法：

一、普通无彩虹眼黑曜石

在强光下对着光看，这类黑曜石仍然是黑色，并无任何反光。目前市场上很少有此类假货，但也有不良商家以染色玻璃充当或以低劣黑石充当，这两类假货对非行家来说分辨难度非常大，最好的办法是少接触这类黑曜石。

二、彩虹眼黑曜石

这类黑曜石在对着强光的时候能够看到或绿色或紫色或黄色的反光，属于质量比较好的。手串或一些小件如黑曜石葫芦，彩虹眼为同心圆状。

三、金曜石

金曜石比较稀有，市场价值也高一点，其特征为在光下能看到一片金色光芒。

四、冰种黑曜石

冰种黑曜石分两种：一种是无彩虹光的半透明黑曜石，购买这类冰种黑曜石一定要有权威鉴定证书；另一种就是冰种彩虹眼的半透明黑曜石。冰种黑曜石在珠宝领域属于新生事物，所以现在很多人还不是非常了解。

彩虹眼手串

黑曜石手串的保养

黑曜石是市场上最常见，也是相对较为廉价的宝石之一，因此受到不少手串爱好者的青睐。现在，走在大街上，经常能够看到佩戴黑曜石手串的人。很多人觉得黑曜石档次低，因此不需要保养。其实，黑曜石也是需要保养和细心照料的。下面就为大家介绍一下黑曜石手串的保养方法：

一、忌磕碰

黑曜石很容易在磕碰之后产生裂纹，这样不仅损害其完美程度，还会影响其经济价值。黑曜石的主要成分是二氧化硅，与玻璃相同，因此在佩戴黑曜石手串的时候不可与金属硬物碰撞或摩擦，否则会出现划痕，严重的则会破裂。

天然黑曜石手串

“八面来财”黑曜石磨砂手串

二、保持清洁

在佩戴黑曜石手串的过程中，应该尽量避免使其沾染灰尘。如果黑曜石不小心染上灰尘，应该用软毛刷清洁；若有污垢或油渍等附于黑曜石上，可用软布擦拭。黑曜石手串佩戴一段时间之后，就应该及时清洗。此外，要用清洁、柔软的白布擦拭，不宜使用染色布、纤维质硬的布料。

三、小心安放

在不佩戴黑曜石手串的时候，最好将其放进首饰袋或首饰盒内，以免碰损、擦花。

四、避免和化学物品接触

不应让黑曜石接触化学药品或者其他化学液体，避免黑曜石受到腐蚀，影响美观程度。

天然黑曜石手串

单珠直径：14mm

适宜人群：男士

风格特点：简约、时尚、大方、优雅

市场参考价：350~600 元

六度六合寅亥手串

材质：黑曜石

单珠直径：14mm

适宜人群：男士

风格特点：时尚、百搭、休闲、优雅

市场参考价：300~500 元

绿松石

绿松石概况

绿松石是中国四大名玉中最具宗教色彩的玉石，也是古董收藏者较为钟爱的宝贝。绿松石常与高岭石、石英、云母、褐铁矿、磷铝石等共生，高岭石、石英、褐铁矿等在共生矿中的比例会直接影响绿松石的质量。绿松石以不透明的蔚蓝色为主要颜色，也有淡蓝色、蓝绿色、绿色、浅绿色、黄绿色、灰绿色、苍白色等颜色，其中以天蓝色的瓷松（犹如上釉的瓷器）为最优。在绿松石中有铁质“黑线”的称为“铁线绿松石”，在国外则称“蓝缟松石”。绿松石如有不规则的铁线，则其品质就较差了。白色绿松石的价值较之蓝色、绿色的要低。湖北郧县是中国最优质绿松石的产地，该地所产绿松石的颜色可以达到鲜艳的蓝色。

绿松石椭圆珠手串

绿松石的性质

一、质地

绿松石质地并不均匀，颜色深浅不一，常含有浅色条纹，以及褐色、黑褐色的纹理或色斑，宝石学专业称其为铁线。这种铁线由褐铁矿和炭质等杂质聚集而成，是鉴定绿松石的重要特征。

二、色彩

绿松石在绿色、蓝色的基底上常可见一些细小且不规则的白色纹理或斑块，它们是由高岭石、石英等白色矿物聚集而成的。

三、光泽与透明度

绿松石多呈蜡状光泽或亚玻璃光泽，一些浅灰白色的绿松石具土状光泽。

绿松石椭圆珠手串

绿松石的使用史

绿松石是深受古今中外人士喜爱的古老玉石品种，有着几千年的使用史，远在新石器时代就出现在人们的生活中了。在河南郑州大河村仰韶文化遗址出土的文物中，就有两枚绿松石鱼形饰物。中国甘肃永靖大河庄出土了距今几千年的绿松石。古埃及几千年前就在西奈半岛上开采绿松石，当时埃及国王曾派出有军队护卫的两三千人的劳动大军，寻找并开采绿松石。在几千年前一位古埃及皇后木乃伊的手臂上，戴有4只绿松石包金手镯。

108颗绿松石配砗磲手串

绿松石超细珠配银饰手串

8mm 绿松石手串

四、折射率

绿松石的折射率在 1.61~1.65 之间，一般在 1.62 左右。

五、硬度

绿松石的莫氏硬度一般为 5~6，其硬度越低，孔隙就越多，越具备吸水和易碎的缺点。因此汗渍、污渍、油渍、铁锈、茶水、化妆品等均可能顺孔隙进入绿松石内，导致难以去除的变色。

六、密度

绿松石之间的密度也有较大差别，孔隙多的质地疏松，孔隙少的致密坚硬。

七、纯度

在少数绿松石中可以见到微小的蓝色圆形斑点，这是绿松石因沉积作用而形成的。

八、发光性

绿松石在长波紫外线照射下有淡黄绿色到蓝色的荧光，短波紫外线照射下荧光不明显，在 X 射线照射下也无明显的发光现象。

九、吸收光谱

绿松石在蓝区 420 纳米处有一条不清晰的带，432 纳米处有一条吸收带，有时于 460 纳米处有一条模糊的带。

十、热学性质

绿松石遇热通常会爆裂成碎片，变为褐色，火焰下呈绿色。

绿松石手串的鉴别和选购

绿松石的鉴别、选购，一般从以下几个方面入手：

一、从特征上辨别

在50倍的放大镜下观察，优良品质的绿松石是看不见晶体的，只有在3000倍电子显微镜下观察，方能看到清晰的颗粒界限及基质中的深蓝色颗粒，针状小晶体1~5微米，质地非常细腻，抛光面好似上了釉的瓷器。劣质绿松石硬度低，质地粗糙，孔隙多。

二、观看颜色

绿松石有浅蓝、中等蓝色、绿蓝色、绿色等多种颜色，颜色斑驳，有暗色斑点和纹理。优质绿松石多为天蓝色、淡蓝色、绿蓝色、绿色带蓝的苍白色，在颜色均一的块体上有分布不均的白色条纹、斑点或褐黑色铁线。

三、铁线检验法

由于天然绿松石的组成非常复杂，铁线就成为鉴定绿松石的一项重要标准。如果是天然绿松石，我们观察表面铁线，比较有立体感，由于是自然产生，铁线有粗有细，有疏有密，具有天然的真实美感；合成绿松石的铁线用手摸会感到平滑，没有立体感，铁线的粗细差不多，且看起来感觉不太自然。

绿松石三层手串

四、成分检验法

天然绿松石所含杂质较多，如高岭石、埃洛石等黏土矿物，它们常集结成细小的斑块或细脉充填于绿松石间。天然绿松石中还可见到石英微粒集结成的团块，以及褐铁矿和炭质所形成的黑褐色纹理和色斑，而合成绿松石成分较均一。

五、表面观察法

因为合成材料硬度不高，所以合成的绿松石表面过一段时间就会出现绿蓝色的碎屑状物质，并有裂纹。

六、放大观察法

合成绿松石结构单一，放大观察会见到大量均匀分布的蓝色球形微粒，而天然绿松石具细粒结构，常见角砾状、碎斑状结构。

绿松石手串的保养

一、防污物

大多数绿松石都有很多孔隙，会吸收擦手油、润唇膏和香水等，在我国的传统工艺中，会在绿松石的表面涂上一层石蜡，以增加绿松石的色泽，同时也能起到保护绿松石的作用。不过，在佩戴绿松石饰品时仍应注意避免与化妆品和皮肤油脂过多接触，以免腐蚀绿松石饰品。还要避免与茶水、饮料、肥皂水、酒精和铁锈等接触，以防污物顺孔隙渗入绿松石使之变色。

二、避高温

绿松石颜色娇嫩，怕高温，应避免将其置于高温环境或阳光直射的地方，否则会使绿松石因失水而产生裂纹并褪色，且使绿松石变脆易碎。所以，应尽量将绿松石储存在阴凉干爽处，并于佩戴后用清水洗净，擦干保存。

三、忌碰撞

绿松石手串硬度较低，在佩戴和保存时都应避免和其他硬度高的首饰或物品相碰撞。不要把绿松石放入超声波清洗机中，以免有孔的绿松石吸收溶液而褪色，且超声波振动时绿松石会和其他珠宝接触，使得其表面可能受损。

古朴优雅的

木质手串

紫檀木

紫檀木概况

自古以来，我国就将紫檀木视为最名贵的木材之一。其产量稀少，成材不易。我国最早使用紫檀木是在东汉时期，到了明朝，紫檀木被皇室推崇，开始被大规模采伐使用。清朝之后，可供采伐的紫檀已经不多，因此更加珍贵。

紫檀主要产地是南洋群岛的热带地区，我国两广少部分地区也有出产，但数量稀少。当前最珍贵的紫檀树种是产自印度的小叶紫檀。紫檀属于常绿乔木，生长缓慢，一百年才长粗 3cm，成材则需要近千年，可见其珍贵程度。通常情况下，紫檀木的直径在 15cm 左右，树干扭曲，少有平直，空洞极多，素有“十檀九空”之说。

紫檀木手串

紫檀木在各种名贵硬木中是最坚硬的，密度也最大，入水即沉。其颜色为紫黑，呈现出如犀牛角一般的光泽，其纹理被颜色掩盖，但细看之下还是能够看到不规则的蟹爪纹。在《红木国标》中，紫檀被归为紫檀属紫檀木类，学名叫“檀香紫檀”。

紫檀木是红木的最高级别用材。正常情况下，紫檀木一般用来制作家具和雕刻艺术品。用紫檀木制作的家具，一般都不用经常打蜡磨光，更不需要漆油，表面就能够呈现出缎子一样的光泽。可以说，紫檀木是世界上最名贵的木材之一。

20mm 印度金星小叶紫檀手串

紫檀木纹理

紫檀木镇纸

紫檀木手串的鉴别和选购

鉴别紫檀木，最好的办法就是对比紫檀木的木纹和手感，以此来辨别真伪。一些有经验的专家认为，鉴别紫檀木一般采用下面 5 步做法。

一、看一看

鉴别紫檀木的时候，应该仔细观察木纹，认真对比紫檀木的纹理特征。最好的办法就是选用两三块纹理正规的紫檀样板，两者对比着来看。这样更容易看出真伪。

二、掂一掂

通过掂，能够感受到手上的器物是否达到紫檀木（该体积应该达到）的重量。一般而言，掂紫檀物件的数量超过 800 件，手感就有了。

20mm 牛毛纹小叶紫檀手串

鉴别金丝楠木口诀

新橘红，久黑紫，酒精泡之烟雾滚，
入水即沉显分量，以上几点全具备。
棉球擦之变橘红，沸水浸之荧光显，
当笔写字胜蜡笔，不是紫檀是何物？

三、闻一闻

在情况允许的前提下，用小刀刮一刮木茬，然后闻一闻木屑的气味。了解紫檀木的人都知道，紫檀木有一股淡淡的香味，香味过浓或无香气都十分可疑。

四、泡一泡

在鉴别的时候，可以用水或者白酒来浸泡紫檀木屑。紫檀木屑的水浸液为紫红色，并且上面还有一层浅浅的荧光，能够染布，并且永不褪色。

五、敲一敲

用正宗的紫檀木块，最好是紫檀木镇尺，轻轻敲击紫檀物件，听其声音如何。如果敲击声清脆悦耳，没有一点杂音，则是真品。

紫檀木手串的保养

以前，紫檀木手串大多为佛家用具。现如今，很多信佛、追求时尚的人也常常佩戴紫檀木手串。因此，关于紫檀木手串保养的问题也越来越受到关注。下面就为大家简单介绍一下在日常生活中应如何正确保养紫檀木手串。

一、避碰撞

虽说紫檀木的木质非常坚硬，但在日常佩戴时，也一定要避免剧烈的碰撞，以免使其损坏。

二、防污损

不要让油污及其他化学物品沾到紫檀木手串上，否则会使紫檀木手串改变颜色，破坏其价值。

紫檀木手串

沉香

沉香概况

沉香又名“沉水香”“水沉香”，古语写作“沈香”（沈同沉）。古来常说的“沉檀龙麝”之“沉”，就是指沉香。沉香自古以来即被列为众香之首，它是瑞香科植物白木香或沉香等树木的干燥木质部分，是一种木材、香料和中药。沉香木植物树心部位受到外伤或真菌感染刺激后，会分泌大量带有浓郁香味的树脂，这部分树脂因为密度很大，又被称为“水沉香”。一直以来，沉香木都是非常珍贵的香料，被用于燃烧熏香、提取香料、加入酒中。很多时候，沉香木还被用来制作艺术品或装饰品。

沉香手串

需要注意的是，沉香和檀香有着本质的不同，沉香并非一种木材，而是一类特殊的香树“结”出的、含有油脂（树脂）成分和木质成分的固态凝聚物。奇怪的是，形成“沉香”的这类树，本身并没有什么奇特的香味，且木质松软。

一般认为，沉香的密度越大，说明凝聚的树脂越多，其质量也越好，所以古人常以能否沉水将沉香分为不同的级别：入水则沉者，名为“沉水香”；次之，半浮半沉者，名为“栈香”（栈，竹木所编之物），也称“笺香”“弄水香”等；那种稍稍入水而漂于水面

18mm 印尼达拉干沉香手串

的则被称为“黄熟香”。

正常情况下，沉香和沉香木都能够用来雕刻佛像、制作供香、制作念珠、装藏供佛，以及配制中药等。用沉香木制成的手串较为珍贵，可谓手串中的上品。沉香按其结成情况不同一般可分为 6 类：土沉、水沉、倒架、蚁沉、活沉、白木。沉香神秘而奇异的香味集结着千百年天地之灵气，有的馥郁，有的幽婉，有的温醇，有的清扬……

20mm 印尼黑奇楠沉香手串

沉香手串

沉香手串的鉴别和选购

沉香的一级品并不能用来制作手串，因其质地软，非常容易损坏。因此，市面上大家看到的沉香手串，基本上都是用二级沉香制作出来的，市面上称其为 A 货。下面简单介绍几种鉴别二级沉香的方法：

一、观察法

通常情况下，沉香表面毛孔细腻的才是 A 货，若毛孔粗大则都为 B 货，也就是沉香的三级品。水沉只有最好的一级品才是黑色的，水沉 A 货一般是黑褐色的，也有暗青黄颜色的。在生活中或者购买过程中，如果有人向你展示一串黑褐颜色的沉香手串，说是水沉的一级品，那么这不是以次充好就是他也不知情。

18mm 印尼水沉手串

18mm 越南沉香手串

二、闻味法

闻是鉴别沉香的最重要的手段。水沉和土沉最重要的区别就是土沉味道厚而猛烈，水沉则是温和醇厚。闻沉香的味道有个主要的判断标准，那就是“钻”，也就是说沉香的味道是钻的，真的沉香的味道应该是让您感觉味道是沿着线丝状的路径钻到你鼻子里去的。在“闻”的鉴别过程当中，还有另外一个方法，即把沉香装到袋子里，只要嗅觉正常，都能闻到沉香从袋子里面散发出来的味道。

三、触摸法

正常情况下，水沉的二级品看起来好像外面有一层油，但是摸着不脏手，也没有油滑感。如果是假货，手上则会留下一个脏脏的印记。

四、沉水法

在条件允许的情况下，可以从手串上摘下一颗珠子，把它放进一杯纯净水中，这时会看到沉香快速地往杯子的底部下沉。不过，这一方法并不科学，结果只能作为一个参考条件来用。因为紫檀也会沉水，生沉香有的也会沉水，反而是最高等级的奇楠是半沉半浮的。

沉香手串的保养

沉香的香味浓郁高雅，品质朴实厚重，历来是藏家的最爱。在佛教中，沉香的地位非常高，被奉为礼佛祭祀熏香之圣品，有“香中之王”的美誉。现在大部分人对沉香的心仪程度远超过金银珠宝，因此了解如何保养沉香物品的知识就显得格外重要。

正常情况下，沉香不怕雨水、汗水、自来水等自然界的水，但是要避免其和酸性、碱性物质接触，切忌和化学药品、香水以及洗涤用品（如香皂、肥皂、洗衣粉水）等放在一起，尤其应该避免接触洗发水。此外，沉香不宜多浸水，以免太干燥，导致香气流失。

虽然沉香不怕雨水、汗液等，但是长期佩戴会形成包浆，因此香味就会淡一些。因此，平常不佩戴的时候，最好找一个封口袋把沉香手串封存在里面。

8mm 越南沉香手串

沉香手串

沉香的质地较软，因此较易开裂，更怕撞击、摔打。因此，在把玩的时候一定要当心不要让其被硬物、锐器划伤。此外，还有一点也要注意，佩戴沉香制品的时候，不宜喷香水，因为再好的香水味也无法和沉香的香味媲美。

沉香燃点较低，因此一定要注意让其远离火烛，也不宜放在过热之处。

拥有沉香首饰的人，最好选择长期佩戴，因为人的油脂能够使沉香越发光亮。

总的来说，佩戴沉香手串的时候应该尽量避免长时间在太阳光下暴晒，平时不佩戴时可擦些橄榄油，并放入封口袋中。

花梨木

花梨木概况

“花梨出南番广东，紫红色，与降真香相似，亦有香。其花有鬼面者可爱，花粗而淡者低。”清刊本《琼州府志·物产·木类》记载：“花梨木，紫红色，与降真香相似，有微香，产黎山中。”现在的人认为，花梨木即“海南檀”，又有人另定名为“降香黄檀”。《广州植物志》中描述，花梨木是“海南岛特产……为森林植物，喜生于山谷阴湿之地，木材颇佳，边材色淡，质略疏松，心材色红褐，坚硬，纹理精致美丽，适于雕刻和家具之用”。

花梨木主要产于热带地区，包括东南亚、南美及非洲。中国的海南、云南及两广地区也有少量栽培。

15mm 越南黄花梨手串

花梨木手串的鉴别和选购

花梨木的鉴别，主要遵循“六看一闻”的原则。

一、看交错纹理

花梨的纹理呈青色、灰色和棕红色等，并且几种颜色交错分布。

二、看带状条纹

花梨木纹理粗直且较多，心材呈大红、黄褐色或红褐色，从纵切面上看，带状条纹明显。

20mm 泰国黄花梨手串

25mm 虎皮纹海南黄花梨手串

三、看牛毛纹

花梨木产地不同，木质也有很大差别，有的质地较细密，有的质松，但从弦切面上看，都能明显地看到类似牛毛的木纹。

四、看鬼脸

《广州植物志》记载：“……其纹有若鬼面，亦类狸斑……”花梨也有鬼脸，圆晕如钱，大小相错。

五、看偏光

从花梨木切面看折射的光线，只有一个角度可看到折射的光线最亮最明显，而其他角度则不明显，这便是偏光现象。

六、看荧光

花梨木中有一层淡淡的荧光，如果把一小块花梨木放到水中，就能发现水里漂起绿色的物质，这种物质能发出一种荧光。如果是下雨时淋湿了堆放的花梨木，从流出的雨水中也能看到这种荧光。

七、闻檀香味

在没有外界因素干扰的情况下，把鼻子凑近花梨用力闻一闻，能够闻到一股檀香一样的味道。

20mm 海南黄花梨手串

花梨木手串的保养

花梨木手串的保养，一般从以下 4 个方面入手：

一、忌燥湿

木材内含有少量水分，因此空气湿度过低会收缩，过高会膨胀，所以不要把花梨木手串放到过于干燥或者潮湿的地方；同时，避免花梨木和硬物摩擦，以免损伤漆面和木头的表面纹理。

二、防高温

用花梨木制作的手串，不宜放在阳光下暴晒，更不宜放在暖炉等高温物体附近。

三、巧放置

在四季更迭明显的地区，花梨木手串的保养十分讲究。比如伏天过后、春秋两季等，气候由潮变干或由干变潮，这个时候，就不应该把花梨木放在过于封闭的空间内，避免因一面过于干燥或过于潮湿而翘曲。

30mm 海南黄花梨手串

花梨木手串

四、避污损

通常情况下，不要把过于沉重的器物放在花梨木手串之上，避免损坏花梨木。也不要轻易用湿布擦拭花梨木手串，更不能使用碱水、酒精等带有腐蚀性的化学品擦拭。

金丝楠木

金丝楠木概况

金丝楠木是中国特有的珍贵木材，自古以来就为皇家专用，民间很难见到。历史上，金丝楠木专用于皇家宫殿、少数寺庙的建设。

金丝楠木手串

14mm 金丝楠木手串

和其他木材相比，金丝楠木有很多不可比拟的优点：

一、防虫

金丝楠木能够散发出一股楠木香气，用金丝楠木箱子或柜子存放衣物、书籍、字画等，可以避虫。现代实验也证明，金丝楠木能够抗腐木菌、白蚁的侵蚀，抗海生钻木动物蛀蚀性也很强。现在，只要有条件，一些极其珍贵的书籍和纪念品就被存放在金丝楠木盒中。

二、耐腐

金丝楠木有着很强的耐腐特性，能够埋在地下千年而不腐烂，因此皇帝的棺木多采用金丝楠木。晚明谢在杭在《五杂俎》当中这样写道：“楠木生楚蜀者，深山穷谷不知年岁，百丈之干，半埋沙土，故截以为棺，谓之沙板。佳板解之中有纹理，坚如铁石。试之者，以署月做盒，盛生肉经数宿启之，色不变也。”

三、触之不凉

在古代宫廷当中，金丝楠木常被用来制作床榻。因为古人发现，金丝楠木具有冬天不凉、夏天不热、不伤身体等其他硬木所不具备的特性。

四、不易变形

金丝楠木纹理顺，不易变形，胀缩性小且硬度适中，握钉力颇佳。

五、纹理美丽

金丝楠木质地温润柔和，纹理细腻通达，新切木表面黄中带绿，会散发阵阵幽香。用金丝楠木制作出来的器物，没有硬邦邦的感觉，且造型优美，光照之下发出丝丝金光，但又清幽无邪，娴静低调。

金丝楠木产自哪里？

金丝楠木主要产于中国四川、贵州、湖北和湖南等海拔 1000~1500 米的亚热带地区的阴湿山谷及河流旁。这些地方气候温暖湿润，既无高纬度地区的暴雪肆虐，又无热带雨林地区的烈日烤晒。这种独特的自然环境和气候条件造就了金丝楠木温润平和、不湿不燥的木质特性。

17mm 金丝楠木手串

古往今来，金丝楠木都广受好评，是国人引以为豪的瑰宝，它使得中国的庭院建筑更具中国风味。

金丝楠木非常珍贵，它的生长规律可用“大器晚成”4 个字来概括（生长旺盛的黄金阶段需要 60 年）。由于金丝楠木的光泽很强（特别是在刨片时有明显的亮点，有人据此称其为金丝楠），即使不上漆，也越用越亮。有的楠木材料结成天然山水人物花纹，更为难得。金丝楠木雕刻品也非常珍贵，北京雍和宫金丝楠木佛龛是该宫三宝之一；无锡大佛下的宗教博物馆中，由几十米长的金丝楠木雕刻的五百罗汉堪称一绝。

今天，金丝楠木不仅被用来制作家具，在首饰及其他雕刻品上，金丝楠木也被广泛运用。在手串把玩盛行的今天，用珍贵的金丝楠木制作手串更成为一种消费需要。

18mm 金丝楠木手串

金丝楠木手串的鉴别和选购

目前，市场上的金丝楠木主要有三类：第一类是新金丝楠木，国家禁止砍伐且数量稀少；第二类是老金丝楠木，有从清早期及明朝时的老房中拆下来的，有三峡截流搬迁区及内地古庙宇维修拆下来的；第三类是乌木金丝楠，即阴沉木金丝楠，是埋在河里或因地壳变迁埋在地里几千年的金丝楠木，这一类金丝楠木主要出现在四川。

现如今，随着人们消费水平的提高，金丝楠木已经能够进入寻常百姓家。然而，现在金丝楠木市场上鱼龙混杂，选购的时候应该注意以下几点：

20mm 海南金丝楠木手串

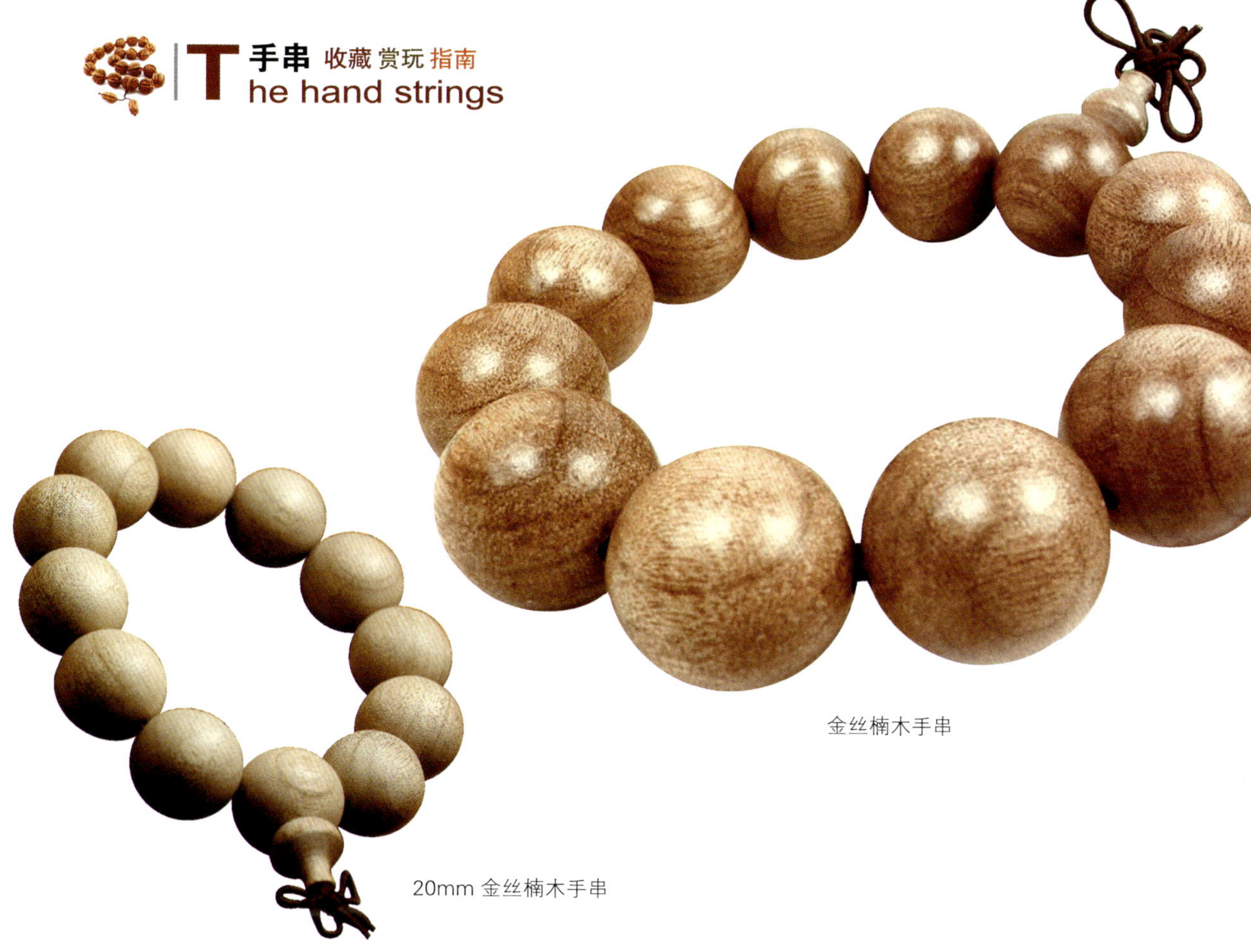

金丝楠木手串

20mm 金丝楠木手串

一、看颜色

通常情况下，金丝楠木为浅黄色，偶尔有老料会呈现出金黄色，最外层有淡紫色。金丝楠木新切面为黄褐带浅绿色，在阳光下会反射出丝丝金光。

二、闻气味

金丝楠木闻起来会有一股淡淡的樟木气味。一般来说，金丝楠新料的香味清淡如药材；老料则多为幽香；阴沉料多为沉香味，有时会有浓郁花香或者果香味。

三、掂分量

金丝楠木的木质非常坚硬细腻，耐磨，不易变形开裂，因此手感沉重。其手感分量和红木不相上下。

金丝楠木手串的保养

因为金丝楠木的珍贵和其特有的功效，现在越来越多的人选择佩戴金丝楠木手串。漂亮美观的金丝楠木手串常常给我们带来美的享受，然而有经验的人都知道，金丝楠木手串佩戴久了会发黑，这在很大程度上影响了手串本身的美感，同时还影响到佩戴时的心情。因此，在佩戴金丝楠木手串的过程当中，应该注意以下几点:

一、注意防水

不要让金丝楠木手串沾水或者暴晒。如果沾到了水，也不用“乱投医”，可以放在阴凉处自然晾干。

二、油脂保养

在日常佩戴过程当中，可选用橄榄油保养金丝楠木手串，减少摩擦，起到防护作用。

三、讲究清洁

当我们不佩戴金丝楠木手串时，应该将其放到干净卫生的地方。金丝楠手串和物件脏了，不要用水洗，用柔软的干棉布擦就可以。金丝楠木是可以盘的，木珠盘半年后，表面会很有光泽，变得越来越漂亮，所以即使不上油，直接盘也可以使珠子很油亮。

金丝楠阴沉木手串

老料金丝楠木手串

单珠直径：18mm

适宜人群：男士

风格特点：简约、优雅

参考价：1800~2500 元

精巧别致的
果实（核）手串

时尚文玩——核桃手串

核桃概况

核桃原名胡桃，又叫长寿果、万岁子或羌桃。除食用核桃外，还有一种可以把玩的核桃，被称为“手疗核桃”“健身核桃”，又称“掌珠”。这种核桃既可供人观赏，又可收藏，还可以做成手串。它流行于唐宋，盛行于明清。清末民初北京有民谣：“核桃不离手，能活九十九，超过乾隆爷，阎王叫不走。”（乾隆活到 89 岁，是中国历史上寿命最长的皇帝。）

野生狼牙山狮子头手串

南将石狮子头手串

核桃的主要分类

核桃的产地和种类各异，大致分为麻核桃、楸子核桃、铁核桃三大类。麻核桃中包括狮子头、虎头、罗汉头、鸡心、公子帽、官帽等。

核桃在我国种植范围极为广泛，而且把玩核桃的分类方法有很多，所谓仁者见仁智者见智，大致有以下几种分类方法：

（1）按生长条件分，有野生核桃和嫁接核桃两种。

（2）按生长地区分，有华北核桃、西北核桃、东北核桃、西南核桃 4 种。

（3）按品种分，有狮子头、虎头、鸡心、官帽、公子帽、灯笼、罗汉头、状元冠等。

（4）按棱数分，有两棱、三棱、四棱核桃等。

（5）按高矮分，有高桩和矮桩核桃。

（6）按纹路分，有粗有细，有深有浅，有满天星还有水棱纹核桃等。此外，还有吉宝核桃、心形核桃。

（7）按尖分，有闷尖和大尖核桃。

（8）按边分，有大边、小边、厚边和薄边核桃等。

（9）按异形分，有连体、鹰嘴、佛肚核桃等。

（10）按年份分，有新老核桃之别。一般把玩 30 年以上的核桃就可以算是老核桃。

野生狮子头手串

野生闷尖狮子头手串

核桃手串的鉴别和选购

文玩核桃有四大名品：狮子头、鸡心、公子帽、官帽。此外，虎头和灯笼也是非常受欢迎的品种。下面给大家介绍一下四大文玩核桃的选购技巧：

一、狮子头

肚子要饱满凸起，一侧至少呈半圆状，两肩要平直端方；底座要硕大厚实，呈长方形或正圆形，平底或稍有内凹，气门呈细长的椭圆形；桩要矮，耳要宽，边要厚，尖部要小而钝，或无尖，要正圆侧方；纹路要从顶部发散而收于底部，竖状条形，要条条分明；皮质密度大。

二、鸡心

肚子圆润饱满，耳窄边厚，整体呈卵形，高桩，平底，气门细长，纹路同狮子头，皮质密度大。

昌平野生狮子头手串

三、公子帽

肚子饱满圆润，耳要宽、边要厚，两肩呈等腰三角形，矮桩居多，底要抠，气门呈菱形，纹路同狮子头，皮质密度大。

四、官帽

肚子圆润饱满，耳略比公子帽窄，边要厚，两肩呈等腰三角形，高矮桩皆有，平底，气门呈菱形，纹路同狮子头，皮质密度大。

盘山公子帽手串

王公贵族的宝贝

清朝末年，京城玩赏核桃之风很盛。手中把玩着一对品质优良的核桃在当时是身份的象征。当时京城曾传言:“贝勒手上有三宝，扳指、核桃、笼中鸟。”每逢皇帝或皇后的寿辰，大臣们会精挑细选出极品核桃作为祝寿的贺礼，由此可见，当时揉手核桃多么受推崇。现今，北京故宫博物院仍保存着十几对揉手核桃，其色泽为棕红色，分别存放在雕刻精美的紫檀木盒内，里面标有“某贝勒恭进”“某亲王预备”等字样。

核桃手串的保养

文玩核桃手串的保养有“三分搓揉，七分养”的说法。概括而言，其保养分为 4 个步骤:

一、清洗

将核桃手串放入清水中浸泡 3 小时，取出后用硬毛刷清理褶皱里的污物。如果污物附着力强，可用 1∶200 的 84 消毒液浸泡 1.5 小时，之后再用毛刷清理。核桃褶皱深处的污物，可借助放大镜用剔针剔除。

南将石佛肚罗汉手串

二、灭虫

对于核桃手串而言，灭虫是必不可少的一步程序。灭虫的时候，可将核桃手串放在能够封闭的容器当中用杀虫剂喷洒，而后将容器密封 1 小时。此外，还可将买回来的文玩核桃在冰箱的冷冻室里放 2~3 小时，这样也能够杀虫。

易县野生狮子头手串

昌平野生狮子头异形鹰嘴手串

三、浸润

核桃手串经过清洗、杀虫、晒干后，应该涂上核桃油，置于避光处，两天后再涂抹一次。等第二次涂抹的油被吸收后，就可以拿在手上把玩了。

四、护理

在佩戴核桃手串的过程中，应时刻注意其变化，随时用毛刷、剔针清理其上的污物。如果核桃手串长时间不佩戴，可在其表面涂少量的核桃油，然后用塑料袋封存。

橄榄核

橄榄核概况

橄榄核是橄榄的果核，呈梭形，两头钝尖，红棕色，上有 6 条棱线，质坚硬，不易碎；剖开内有 3 室，其中各有种子 1 粒。种子细长梭形，种皮棕红色，内为白色种仁，油性足，无臭。 橄榄的主要产地为福建，此外还有广东、广西等地。

橄榄核作品

“罗汉”橄榄核手串

“财源滚滚”橄榄核手串

橄榄核的分类

橄榄核按照核的形状和大小，一般分为下面几类：

一、单核

单核又称大核，一般直径超过2.5cm，比较适合雕刻单件作品，因此价值很高。

二、小核

小核的直径通常只有1cm，甚至更小，市面上比较少见，所以价格一般也很高。

三、怪核

怪核形状比较奇特，如佛手核或多棱核，不用加工，本身就是独特的艺术品。怪核同样很少见，因此价格不菲。

四、细长核

这种橄榄核核体狭长，多用来雕刻核舟题材的作品。

五、圆核

圆核一般长 2.5~2.8cm，直径 1.8~2.2cm，外形相对较圆，很适合做罗汉头。

六、普通三花核

这种核比较常见，在核雕中用得最多，也可用来制作珠串。

“万事如意”橄榄核手串

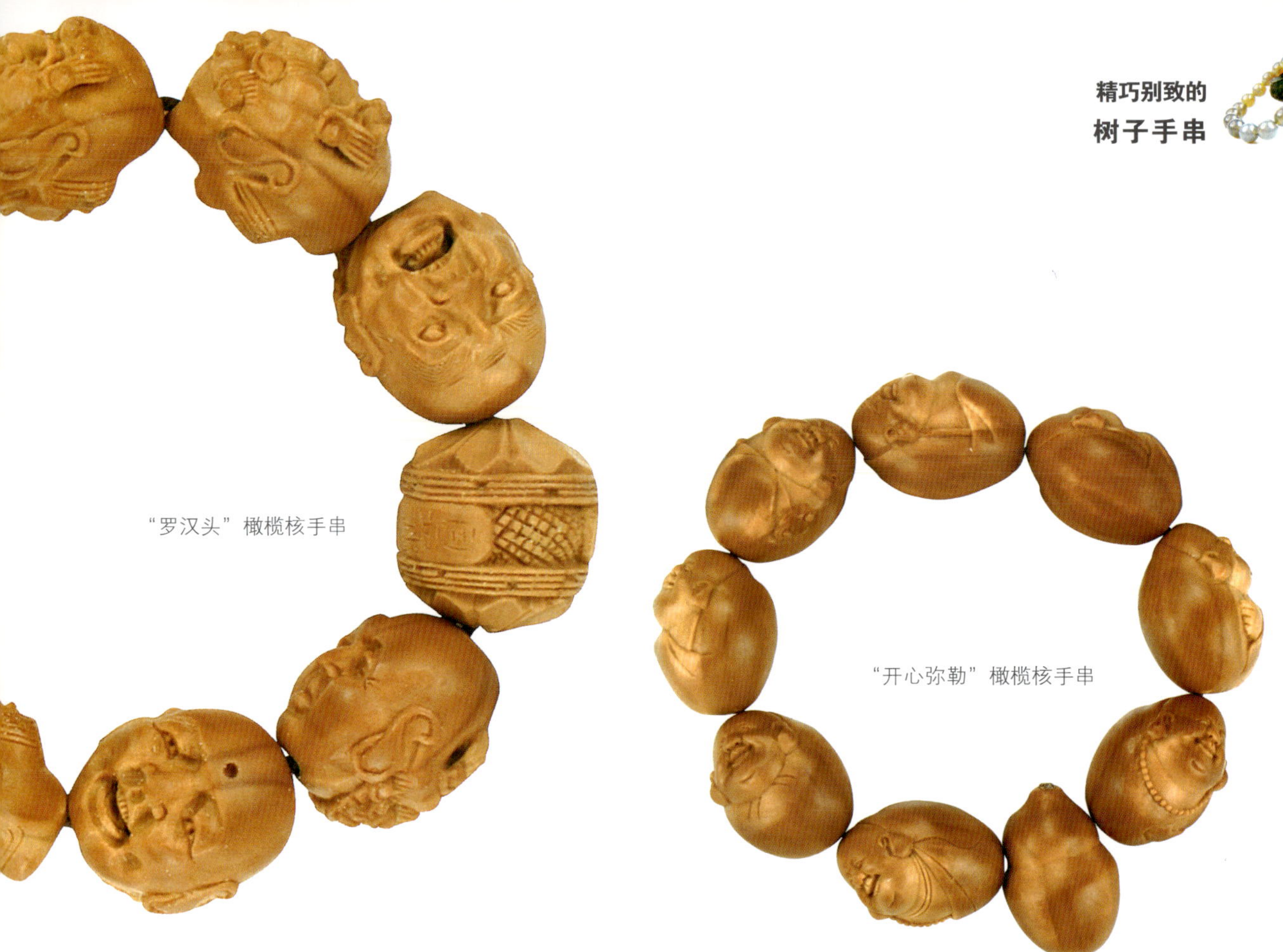

“罗汉头”橄榄核手串

“开心弥勒”橄榄核手串

橄榄核手串的鉴别和选购

一、选手工雕刻的

挑选橄榄核手串的时候，尽量挑选手工雕刻的，不要购买机器雕刻的。手雕与机雕很容易区分，主要体现在一些细节上面，例如人物的形态和纹路。手工雕刻的橄榄核，人物神情更逼真，机雕则效果较差。

二、尽量购买老核

橄榄核雕的老核和新核的区别在于，核搁置的时间不同。新核搁置的时间短，因此水分并没有完全蒸发掉，所以在把玩的过程当中很容易开裂，老核则不会。

三、颜色、大小一致

购买橄榄核手串的时候，尽量选择颜色一致、大小均匀的。注意雕工是否精湛，人物形态是否栩栩如生，对于一些表面开裂、刻痕明显的则一律不选。

"笑口常开"橄榄核手串

"和气生财"橄榄核手串

橄榄核手串的保养

橄榄核手串刚刚佩戴和把玩时，最好上油。这种油类似一层保护膜，在有油的前提下把玩，会降低开裂的几率。

对于新核，每次上油之后把玩的时间不宜过长，一般情况下 10 分钟就够了，尤其是冬天北方室内，把玩完橄榄核手串之后，应放入密封袋保存。

把玩的时候应该注意周围环境，如冬天应远离暖气及汽车空调的暖风。

日常把玩橄榄核手串的过程中，一定要注意防晒，防风吹，尤其要防北方冬末春初时候的暖风，没有把玩过的新核在这种环境中很可能会开裂。

此外，橄榄核也要注意防水，因为水分会使橄榄核霉变；如果不小心让水分渗进去，可把橄榄核放在一个塑料袋中，打一个松结，让水分慢慢蒸发。

核雕圣手

明清时期，橄榄核雕工艺非常兴盛，涌现出了一批工艺精湛的核雕艺人。明代常熟的王叔远以橄榄核雕制小舟——东坡夜游赤壁，舟上舱轩篷楫，什物俱全，镌刻苏东坡等5个人物，令人叹为观止。古文《核舟记》反映的就是王叔远雕刻核舟之事。明代的夏白眼也是一位著名的核雕艺人，相传他在一颗橄榄核上雕刻了16个婴儿，每个只有半粒米大小，但栩栩如生，还刻有荷花飞禽，姿态各异，令人拍案叫绝。

橄榄核雕“麻将把把胡”手串

材质：橄榄核

单珠直径：26mm

风格特点：简约、大方、优雅

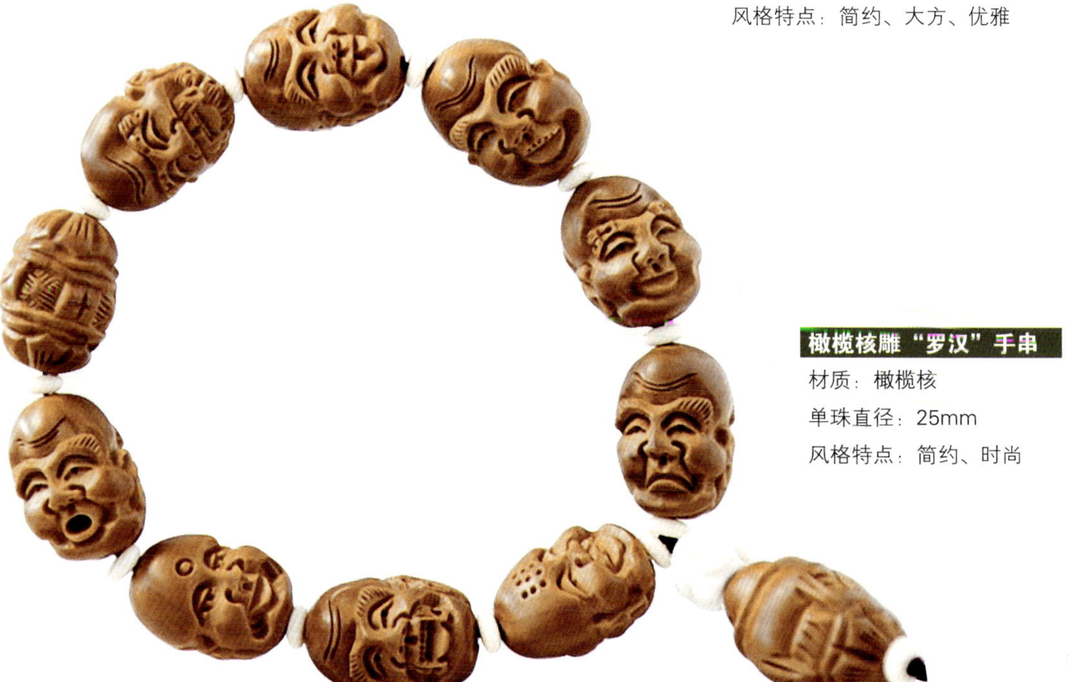

橄榄核雕“罗汉”手串

材质：橄榄核

单珠直径：25mm

风格特点：简约、时尚

菩提

菩提概况

以菩提来命名的手串大约有 30 多个品种。这其中有依产地来命名的，如天台菩提、天竺菩提等；有依纹理来命名的，如星月菩提、凤眼菩提等。市面上常见的有金刚菩提、星月菩提、莲花菩提、凤眼菩提等。

金刚菩提手串

金刚菩提手串

菩提手串的鉴别、选购及保养

金刚菩提手串

金刚木是一种大型常绿阔叶树木，主要生长在海拔超过 2000 米的热带及亚热带高原地区。其产地有缅甸、孟加拉、不丹、尼泊尔等。尤其是尼泊尔东部地区，气候非常适宜金刚木生长，是金刚木的主要产地。

金刚木的叶子呈绿色，主干为圆柱形，树皮为白色。金刚菩提子是金刚木的果实，可用来制作佛珠手串。

六瓣金刚菩提手串

金刚菩提手串颗数的含义

金刚菩提手串按其单颗瓣数的不同而有不同的美好寓意。

一瓣——带走罪恶，增添财富，满足渴望，带你远离危险。

两瓣——保佑孩子，减轻压力。

三瓣——有益于教育，保持思维清晰，带来知识和好想法。

四瓣——不受疾病困扰，避开天灾。

五瓣——保佑健康长寿，带来内心真正的宁静。

六瓣——对生意有帮助，增加财富。

七瓣——带来成功，增加金钱和声望，立足于不败之地。

八瓣——控制脾气，带给家庭平和的气息。

九瓣——带来自信，增加财富和知识。

十瓣——带来名声，赢得尊重。

十一瓣——解除痛苦和忧伤，带来快乐。

十二瓣——减少身体上和精神上的压力和意外之祸。

十三瓣——帮助减少罪恶，使人变得有力量。

十四瓣——帮助实现愿望，带来快乐，不受灾难侵袭。

十五瓣——保持内心的平静。

十六瓣——给予成功，寓意生意兴隆。

十七瓣——保持心神安宁。

十八瓣——带走罪恶，增添财富，满足渴望。

十九瓣——在所有瓣数的金刚子中最为神奇，有多种吉祥寓意。

二十瓣——带来许多神效。

二十一瓣——被认为是宇宙的创造者。

二十二瓣及以上——极其稀有，传说在三大劫（过去庄严劫，现在贤劫，未来星宿劫）中一共只出现 108 枚。

金刚菩提手串的保养

把玩金刚菩提手串的人，应该懂得怎样对它们进行清洁。

将金刚菩提子倒进温水当中，泡 15~30 分钟，用钢丝刷刷干净，有些隐藏的污物可以用锥子一点点剔出来。清理完毕后，用布擦干，放到阴凉处，之后在其上打一层薄薄的橄榄油。

在天气较干燥或者风大时，应该每隔一星期就给金刚菩提子上一层橄榄油。不过，切忌刷完后风干。

尼泊尔七瓣金刚菩提手串

8mm 星月菩提手串

108 颗 6mm 星月菩提手串

星月菩提手串

星月菩提手串日久会逐渐变黄、变红、变黑，表面出现裂纹，犹如瓷器釉层中的裂纹开片，呈血珀般的半透明状，润泽奇绝。

星月菩提手串的鉴别

首先，可将星月菩提放在火上烧一下，这样一些塑料制品就无所遁形，而真正的星月菩提是不会有很大损伤的。如果不舍得放在火上烧，也可以用烧红的钢针刺一下。

其次，星月菩提是灰白色的，表面会有大小不等的天然花纹，如果购买的珠子白色无痕、大小均等，那就要多加小心了。

再次，最好选择去专卖店购买，那里的每件商品都有质量鉴定书及相关部门的认定，质量值得信赖。

星月菩提手串的保养

（1）无论是在南方还是在北方，夏天都是最宜佩戴星月菩提的季节，一定不要错过。星月菩提子喜油脂，尤其适合油性皮肤的人佩戴。

（2）平时不戴的时候，最好将其置于密封的小袋中，以免风干开裂。

（3）人的手心会分泌油脂，经常盘摸可使星月菩提表面颜色均衡地变成深红色，行内人称之为“包浆”。此后，手串就会越玩越有光泽，并逐渐呈现出半透明状，给人一种玲珑剔透的感觉。

（4）如果手串脏了，可以找一把柔软的小刷子，蘸着橄榄油轻轻地刷，但油切不可多用。油过多，积在深凹处擦不掉，日后就会形成一个个深褐色的“花点”，使手串变得难看。

美丽的星月菩提

星月菩提的名字温馨浪漫。它的每一粒珠子上都有一个大点和许多小点，好像是众星捧月，恰似一幅绝美的晴朗夜空图，因此被形象地称为星月菩提。把玩日久，星月菩提的颜色会逐渐加深，从灰白到黑红，从包浆到开片，这也正象征着修行的过程。因此，星月菩提一直都被佛教信徒和喜欢念珠的人珍视。

7mm 星月菩提手串

莲花菩提手串

108 颗莲花菩提手串

莲花菩提手串

莲花菩提原产于印度，是一种大叶蕨类植物的种子。它因形如莲花而得名，因稀有难得而成为菩提类佛珠中价格较高的品类之一。莲花出淤泥而不染，是成就果位的象征。莲花菩提随身，可使人心安气定，清净空明。

市场上常见的莲花菩提，有磨盘形、宝塔形和蘑菇形等。莲花菩提呈圆锥形，质地坚硬，表面通常有若干不规则的棘状凸起，摸起来会略微棘手，其密度和颜色与山核桃相似，人们通常会挑选颗粒饱满、个头大、莲花全、品相好的莲花菩提穿成手串。经长期把玩，莲花菩提表面会形成一层温润透亮的红褐色包浆，犹如玛瑙，非常漂亮。

莲花菩提手串的保养方法

莲花菩提手串怕受潮，这一点跟檀木手串一致。因此，不要让莲花菩提手串沾水，尤其不可以浸水，受潮后轻则发霉，重则开裂。一旦沾水，要立刻擦干、晾干。这也是莲花菩提手串保养最重要的一点。

经常把玩莲花菩提手串才能形成包浆，这是对其最好的保养。把玩的时候注意手的清洁，勿沾水，也别上油，穿的绳尽量松些。把玩好后，整个莲花菩提手串呈深褐色。

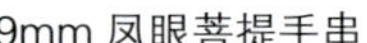

9mm 凤眼菩提手串

凤眼菩提手串

凤眼菩提因其芽孔形似凤眼而得名。凤眼菩提有着古朴精致的黄褐色，每一粒上面都有一颗美丽优雅的眼睛，寓意让每一个烦恼都化成智慧的清气，并且带来更多的深思与觉悟。

凤眼菩提手串

凤眼菩提手串的选购

（1）看大小。一般而言，凤眼菩提串珠越小，品质越高。

（2）看凤眼。每一粒串珠上面都有一颗凤眼，其凤眼越优雅美丽，品质越高。

（3）看色泽。凤眼菩提串珠的品质与颜色呈正比。常见的颜色有两种：一种淡黄，长期持用，色泽会由浅变深；另一种偏金黄色，色泽圆润，有清香味。

（4）看打磨。凤眼菩提串珠表面的斑纹越自然，颜色越深，品质越高。

其他菩提手串

金线菩提

金线菩提是一种较稀有的植物，质地坚硬，呈白色，里边有一条条红棕色线纹，故名金线菩提。由于这种植物十分珍贵，拥有极高的欣赏收藏价值。佛教认为，持用金线菩提有助于修身养性，增添功德。

金线菩提的珠体有大有小；纹线有粗有细，有的呈网状，有的呈枝杈形；形状有的瘦长，有的扁圆。

金线菩提手串

天意菩提

天意菩提是一种奇特而坚硬的果实，有红、黄、紫红等颜色，形状扁圆，表面有许多凹凸不规则的纹理和隆起的曲脊，不需要做任何加工就已经很别致了。

天意菩提手串

天竺菩提

天竺菩提原产于印度，是菩提子中的上品，当地人称之为“佛果”。天竺菩提大小不一，呈椭圆形，外表有不规则斑裂纹，色泽淡黄，硬度高，捻后有光泽。

天竺菩提有典雅的韵味，佩戴时间越长越有灵气，据说长期佩戴可转运，赶走邪气，保合家平安。

天竺菩提手串

金刚菩提手串

精品手串赏析

和田玉手串

重量：28g

适宜人群：女士

风格：简约、大方、精致

参考价：2800~3500 元

和田玉手串

重量：28g

适宜人群：女士

风格：简约、大方、精致

参考价：2800~3500 元

和田玉原籽手串

重量：72g

适宜人群：男士、女士

风格：大方、百搭、时尚

参考价：28000~32000 元

金蟾珊瑚手串

材质：和田玉

重量：38.7g

适宜人群：男士

风格：大方、百搭、时尚

参考价：20000~25000 元

和田玉 108 珠手串

重量：53g

适宜人群：女士

风格：百搭、时尚、优雅

价格：28000~35000 元

天然翡翠手串

材质：糯种紫罗兰

单珠直径：5mm

适宜人群：男士、女士

风格特点：简约、百搭、大方、优雅

参考价：2000~3000 元

南红玛瑙手串

单珠直径：18mm

重量：62.55g

适宜人群：男士、女士

风格：百搭、时尚、优雅

参考价：5800~6300 元

南红玛瑙手串

单珠直径：16mm

重量：64.33 g

适宜人群：男士、女士

风格：休闲、百搭、时尚、优雅

参考价：8800~10000 元

南红玛瑙手串

单珠直径：8mm

重量：19.4g

适宜人群：女士

风格：休闲、时尚、优雅

参考价：1980~5000 元

南红玛瑙手串

单珠直径：6mm

重量：27.84g

适宜人群：女士

风格：休闲、时尚、优雅、小巧

参考价：6600~10000 元

水晶手串

材质：绿碧玺发晶

单珠直径：14mm

重量：56.28g

适宜人群：男士、女士

风格：休闲、时尚、优雅

参考价：2600~3200 元

发晶手串

材质：铜顺发水晶

单珠直径：12mm

重量：40.9g

适宜人群：男士、女士

风格：简约、时尚、优雅

参考价：1800 ~2500 元

聚宝盆水晶手串

材质：黄兔毛水晶

单珠直径：16mm

重量：52.3g

适宜人群：男士

风格：休闲、时尚、简约

参考价：2600~3200 元

天然黄水晶手串

单珠直径：14mm

重量：64g

适宜人群：情侣

风格：休闲、时尚、简约

参考价：2600~3200 元

随形水晶手串

材质：紫黄晶

重量：39.63g

适宜人群：女士

风格：休闲、时尚、优雅、百搭

参考价：2000~3000 元

发晶手串

材质：铜顺发水晶

单珠直径：18mm

重量：65.43g

适宜人群：男士

风格：休闲、时尚、简约

参考价：5800 ~6500 元

蓝绿松石手串

单珠直径：8mm

适宜人群：男士

风格特点：时尚、百搭、大方

市场参考价：4000~6000 元

天然石榴石三圈手串

单珠直径：10mm

适宜人群：女士

风格特点：简约、时尚、百搭、优雅

市场参考价：1500~2200 元

金丝楠木手串

单珠直径：20mm

适宜人群：男士

风格特点：简约、时尚、大方、优雅

参考价：2800~3500 元

沉香手串

材质：达拉干水沉

单珠直径：7mm

适宜人群：男士、女士

风格：简约、精致、优雅、百搭

参考价：50000~55000 元

沉香手串

材质：马来西亚白奇楠沉香

单珠直径：18mm

适宜人群：男士

风格：简约、精致、百搭

参考价：80000~85000 元

沉香手串

材质：印尼黑奇楠沉香

单珠直径：20mm

适宜人群：男士

风格：简约、大气、百搭

参考价：70000~80000 元

沉香手串

材质：越南沉香

单珠直径：8mm

适宜人群：男士、女士

风格：简约、优雅、时尚

参考价：50000~60000 元

沉香手串

材质：越南沉香

单珠直径：18mm

适宜人群：男士

风格：简约、大气、百搭

参考价：55000~60000 元

紫檀手串

材质：印度金星小叶紫檀

单珠直径： 20mm

适宜人群：男士

风格：简约、大方

参考价：8000~10000 元

小叶紫檀手串

材质：印度小叶紫檀

单珠直径：20mm

适宜人群：男士

风格：简约、时尚

参考价：30000~32000 元

紫檀佛珠手串

材质：小叶紫檀

单珠直径：6mm

适宜人群：男士、女士

风格：简约、精致、优雅

参考价：3000~3500 元

紫檀佛珠手串

材质：富贵红小叶紫檀

单珠直径：20mm

适宜人群：男士

风格：简约、时尚、休闲

参考价：35000~37000 元

花梨木手串

材质：越南黄花梨

单珠直径：18mm

适宜人群：男士

风格：简约、时尚、休闲、大方

参考价：3500~4500 元

花梨木手串

材质：越南黄花梨

单珠直径：18mm

适宜人群：男士

风格：简约、休闲、大方

参考价：7000~8000 元

花梨木手串

材质：海南黄花梨

单珠直径：20mm

适宜人群：男士

风格：简约、休闲、大方

参考价：9000~10000 元

花梨木手串

材质：海南黄花梨

单珠直径：20mm

适宜人群：男士

风格：简约、休闲、大方、时尚

参考价：30000~35000 元

虎皮纹花梨木手串

材质：海南黄花梨

单珠直径：25mm

适宜人群：男士

风格：简约、大方、时尚

参考价：50000~55000 元

黄花梨佛珠手串

材质：越南黄花梨

单珠直径：20mm

适宜人群：男士

风格：简约、大方、时尚

参考价：3000~5000 元

蜘蛛纹黄花梨佛珠手串

材质：越南黄花梨

单珠直径：20mm

适宜人群：男士

风格：简约、大方、时尚

参考价：15000~20000 元

多瓣金刚菩提手串

单珠直径：20mm

适宜人群：男士

风格：简约、大方、时尚、精致

参考价：9000~10000 元

佛珠手串

材质：凤眼菩提

单珠直径：12mm

适宜人群：男士、女士

风格：简约、时尚、精致

参考价：7000~9000 元

后记

POSTSCRIPT

如今，走进各类古玩城或珠宝市场，放眼望去，五彩斑斓的手串数量众多。手串逐渐成为时尚的标志之一，成为备受人们青睐的宠儿。以各种材质的珠子穿成的手串，有的典雅大方，有的漂亮活泼，具有不同的风格，能满足男女老少的不同需求。

不过，如今各种材质的手串价格都在上涨，在利益的驱使下，一些不法商人造假、售假，致使现在的手串市场鱼龙混杂、真伪难辨。这给一些刚入门的手串收藏者或普通的手串消费者带来了一系列麻烦。有鉴于此，我们特别编写了这本书。

为了保证本书的专业性和严谨性，我们翻阅了大量相关资料，并专门拜访了多家专业经营机构：保定市力高市场的拙雅轩玉道会所、保定市恒祥北大街的宝兴楼和德鋆堂，以及天津市南开区古玩城的婧雯轩、天津市古玩市场的左客藏品。我们在这些店里见到了各种材质的精美手串，并虚心向这些机构的负责人请教了许多相关问题，这些业内人士经验丰富、见解非凡，为我们耐心做讲解，并提供了大量精美照片，有力地支持了我们的编辑工作，正是由于他们的鼎力相助，本书才得以出现在广大读者面前。在此，再次衷心感谢拙雅轩玉道会所的刘军成先生、宝兴楼的秦志勇先生、德鋆堂的刘高峰先生、婧雯轩的张昊先生和左客藏品的胡滨先生。

希望通过对本书的阅读，广大读者能够更多地了解关于手串收藏的知识。同时，也期待广大读者与我们交流切磋！

收藏赏玩指南

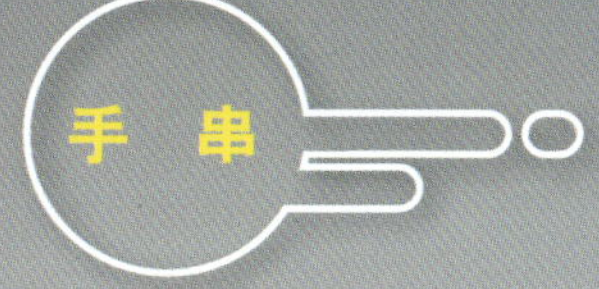

总 策 划

王丙杰　贾振明

责任编辑

张杰楠

排版制作

腾飞文化

编 委 会（排序不分先后）

林婧琪　邹岚阳　鲁小娴

吕陌涵　阎伯川　玉艺婷

潇诺尔　夏弦月　田昊然

责任校对

姜菡筱　宣　慧

版式设计

安雅婷

图片提供

张　昊　杨　宁　刘军成　秦志勇

刘高峰　胡　斌　吕　宁　石　琨

天津古玩市场婧雯轩

保定拙雅轩玉道会所

保定恒祥北大街宝兴楼

保定恒祥北大街德鋆堂

天津古玩市场左客藏品

天津古玩市场核源山庄